COME FUNZIONA UNA STAZIONE SPAZIALE

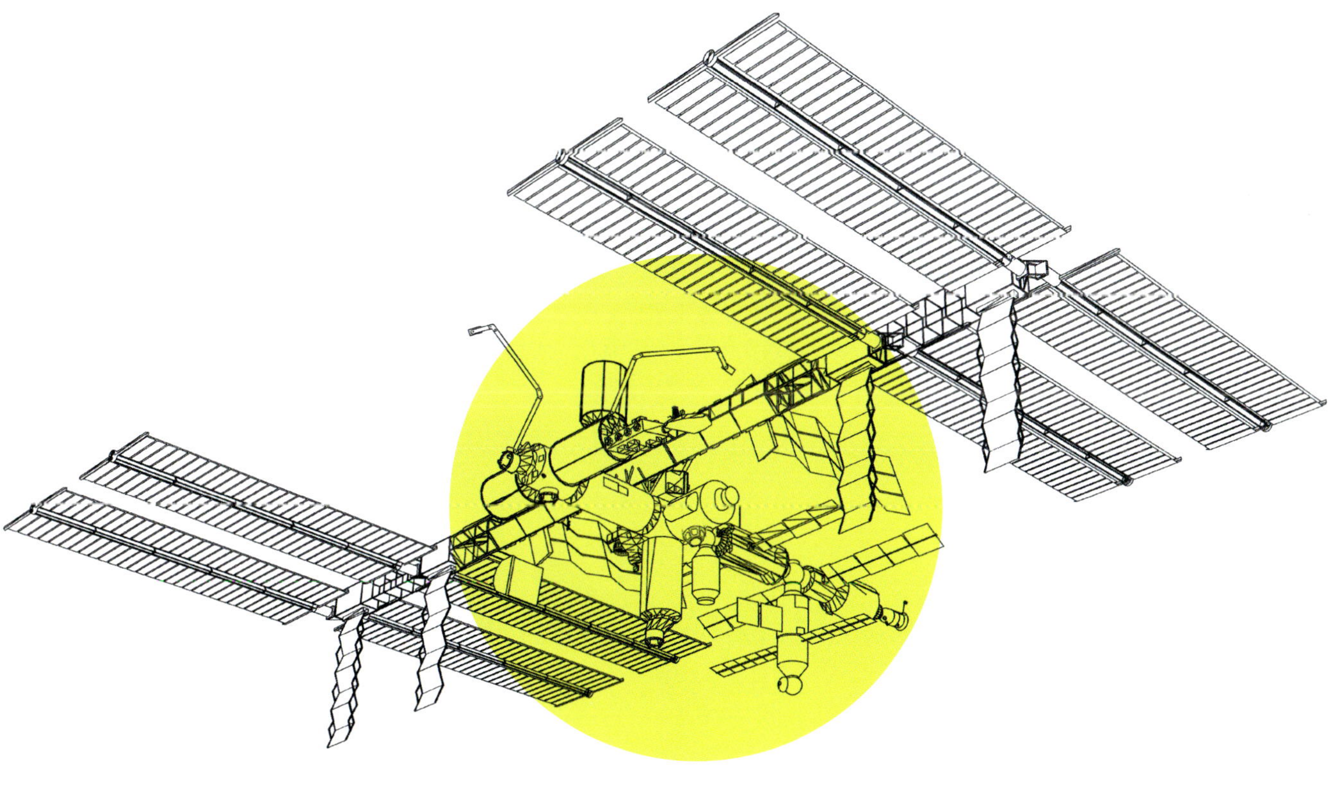

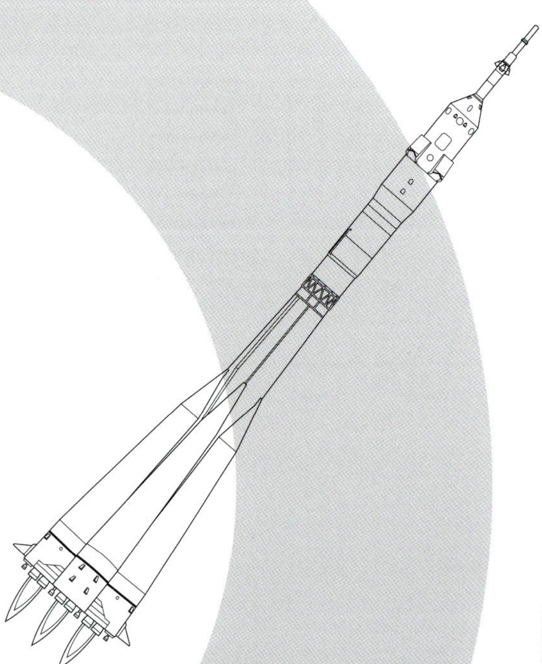

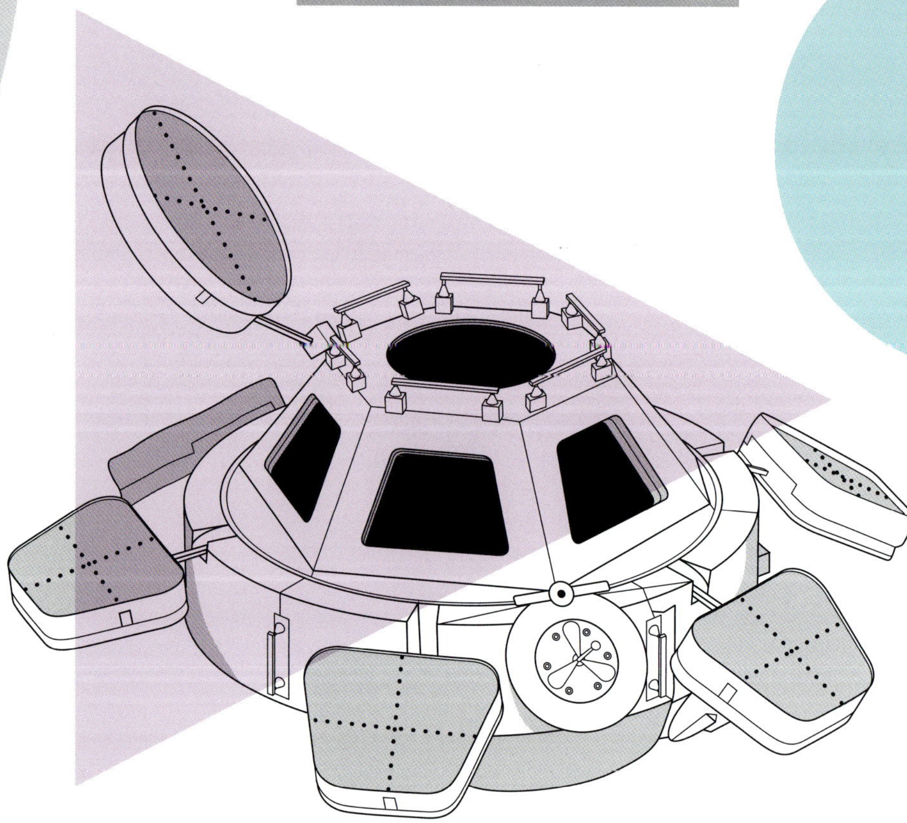

COME FUNZIONA UNA STAZIONE SPAZIALE

LA VITA DI UN VERO ASTRONAUTA NELLO SPAZIO

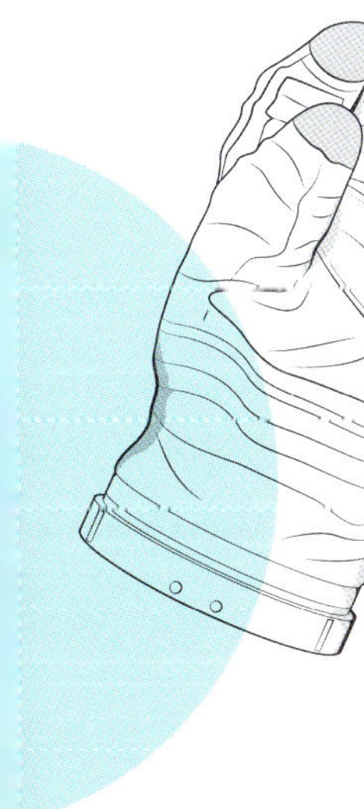

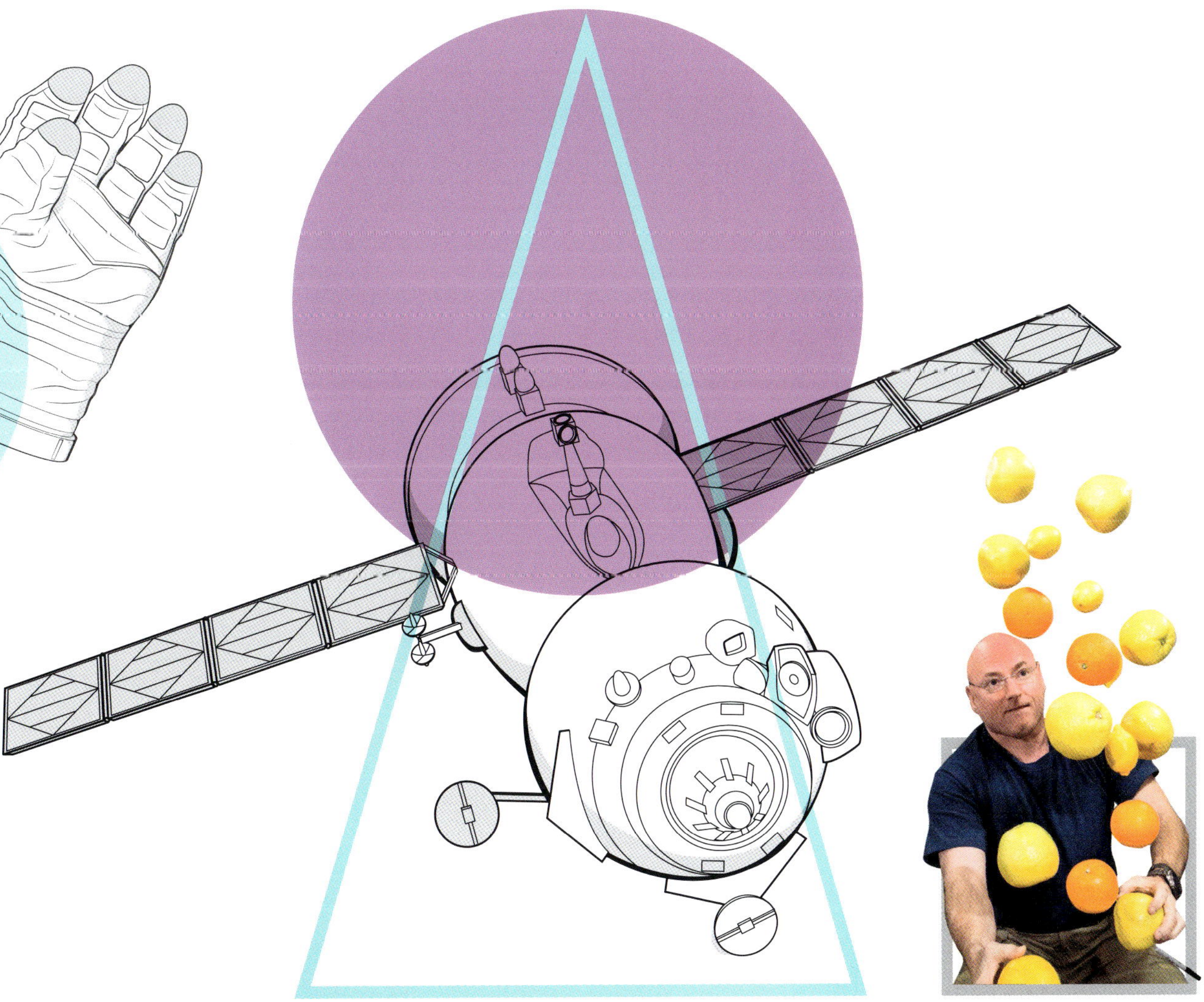

GRIBAUDO

DK Penguin Random House

Senior Editor Amanda Wyatt
Project Art Editor Joe Lawrence
Editor Edward Aves
Writers Giles Sparrow, Vijay Shah
Consultant Dr Suzie Imber
Picture Researchers Sarah Hopper, Sarah Smithies
Illustrator Peter Bull
Managing Editor Rachel Fox
Managing Art Editor Owen Peyton Jones
Production Editor Jacqueline Street-Elkayam
Senior Production Controller Meskerem Berhane
Jacket Designer Akiko Kato
Publisher Andrew Macintyre
Art Director Karen Self
Associate Publishing Director Liz Wheeler
Publishing Director Jonathan Metcalf

DK DELHI

Senior Editor Dharini Ganesh
Senior Art Editor Devika Dwarkadas
Project Editor Priyanjali Narain
Senior DTP Designer Harish Aggarwal
DTP Designers Jaypal Singh Chauhan, Rajdeep Singh
Jacket Designer Juhi Sheth
Senior Jackets Editorial Coordinator Priyanka Sharma
Senior Managing Editor Rohan Sinha
Managing Art Editor Sudakshina Basu
Pre-production Manager Balwant Singh
Production Manager Pankaj Sharma
Editorial Head Glenda Fernandes
Design Head Malavika Talukder

Prima pubblicazione in Gran Bretagna
nel 2022 by Dorling Kindersley Limited,
One Embassy Gardens, 8 Viaduct Gardens, London, SW11 7BW

Come funziona una stazione spaziale
Titolo originale: Behind the Scenes at the Space Station
Traduzione: Roberto Sorgo

PER L'EDIZIONE ITALIANA
© 2023 Dorling Kindersley Limited

in collaborazione con

Gribaudo - IF - Idee editoriali Feltrinelli Srl
Socio unico: Giangiacomo Feltrinelli Editore Srl
via Andegari, 6 - 20121 Milano
www.gribaudo.it - info@gribaudo.it

Prima edizione: 2023 [5(D)]

Stampato in Slovacchia

For the curious
www.dk.com

FSC www.fsc.org MISTO Carta | A sostegno della gestione forestale responsabile FSC® C018179

Questo libro è stato realizzato con carta certificata Forest Stewardship Council®, un piccolo passo nell'impegno di DK per un futuro sostenibile. Per ulteriori informazioni: www.dk.com our-green-pledge

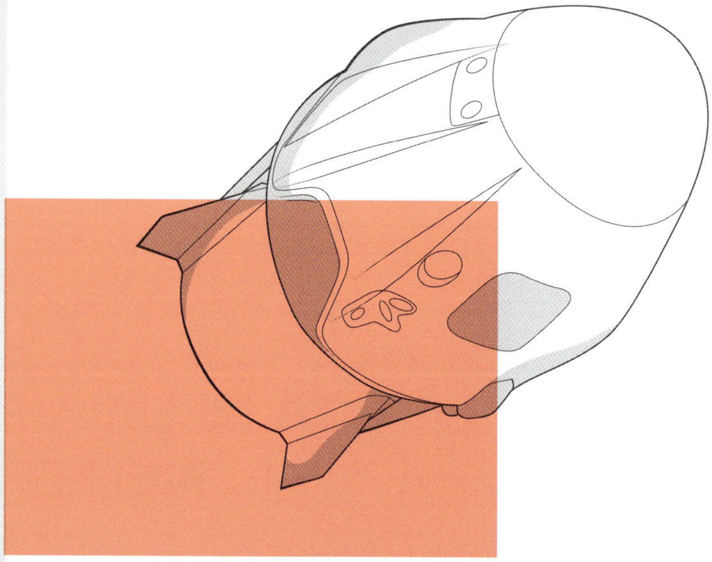

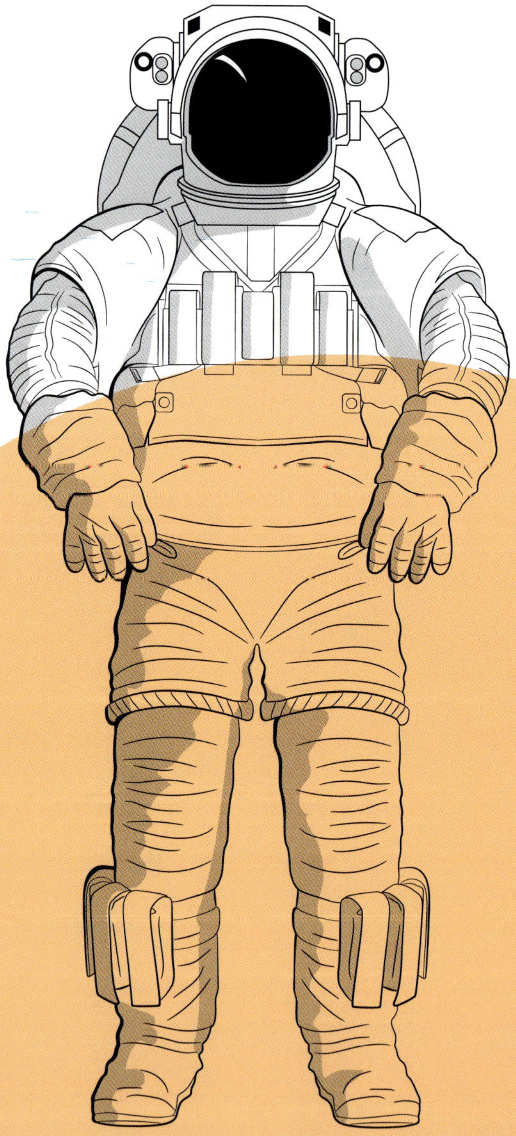

SOMMARIO

1

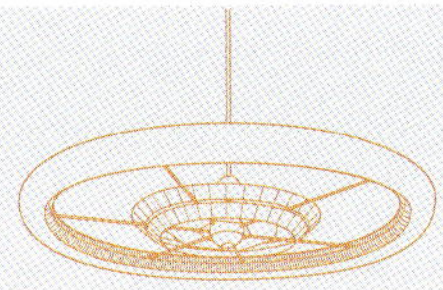

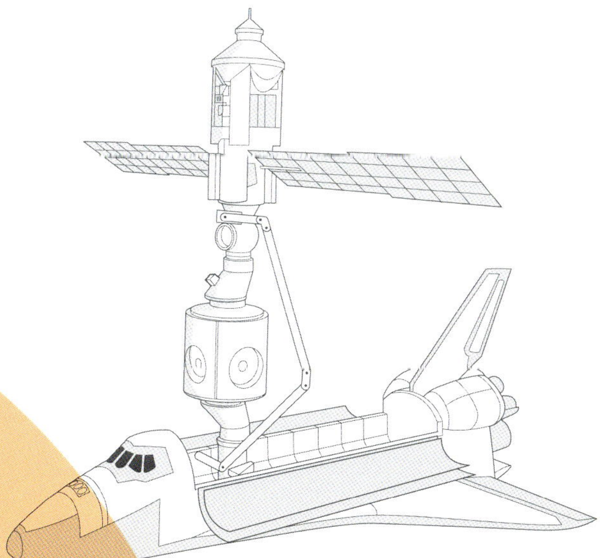

2

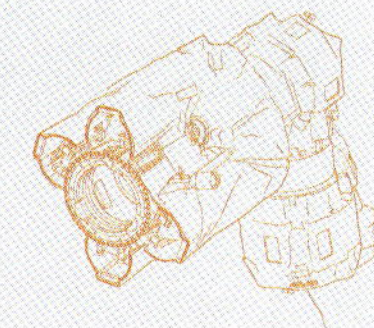

3

4

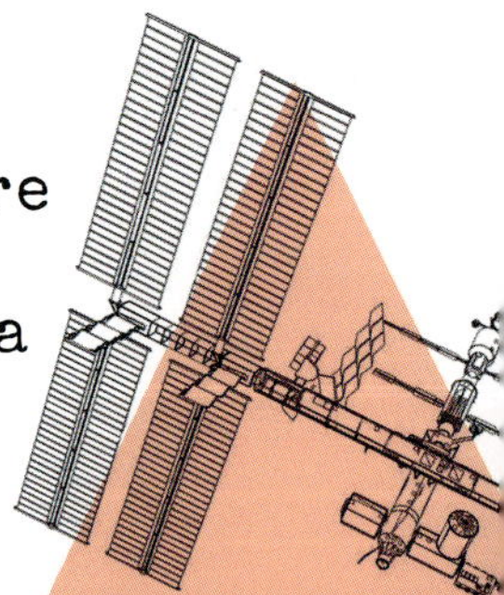

5

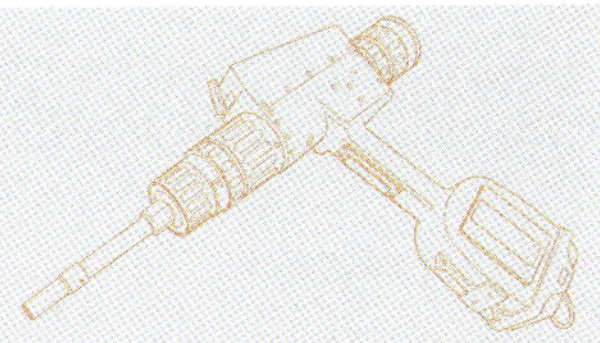

6

UNA CASA NELLO SPAZIO

Molto tempo prima che negli anni '60 venissero lanciati nello spazio degli astronauti, alcuni precorritori con idee innovative capirono che una stazione orbitante attorno alla Terra, ad appena qualche centinaio di chilometri di quota, ci avrebbe offerto una risorsa straordinaria. Sarebbe stata una base da cui osservare sia la Terra sia lo spazio, un laboratorio in cui condurre esperimenti e un punto di partenza per ulteriori viaggi nel sistema solare. L'idea di un habitat spaziale in cui vivere e lavorare divenne realtà nel 1971, quando l'Unione Sovietica lanciò la prima stazione spaziale, la Saljut 1. Da allora scienziati e ingegneri hanno progettato e costruito stazioni spaziali sempre più ambiziose e complesse, ma attualmente ne esistono soltanto due in orbita attorno alla Terra: la Stazione spaziale internazionale (ISS) e la cinese Tiangong; però vari Paesi e aziende private prevedono di costruirne altre.

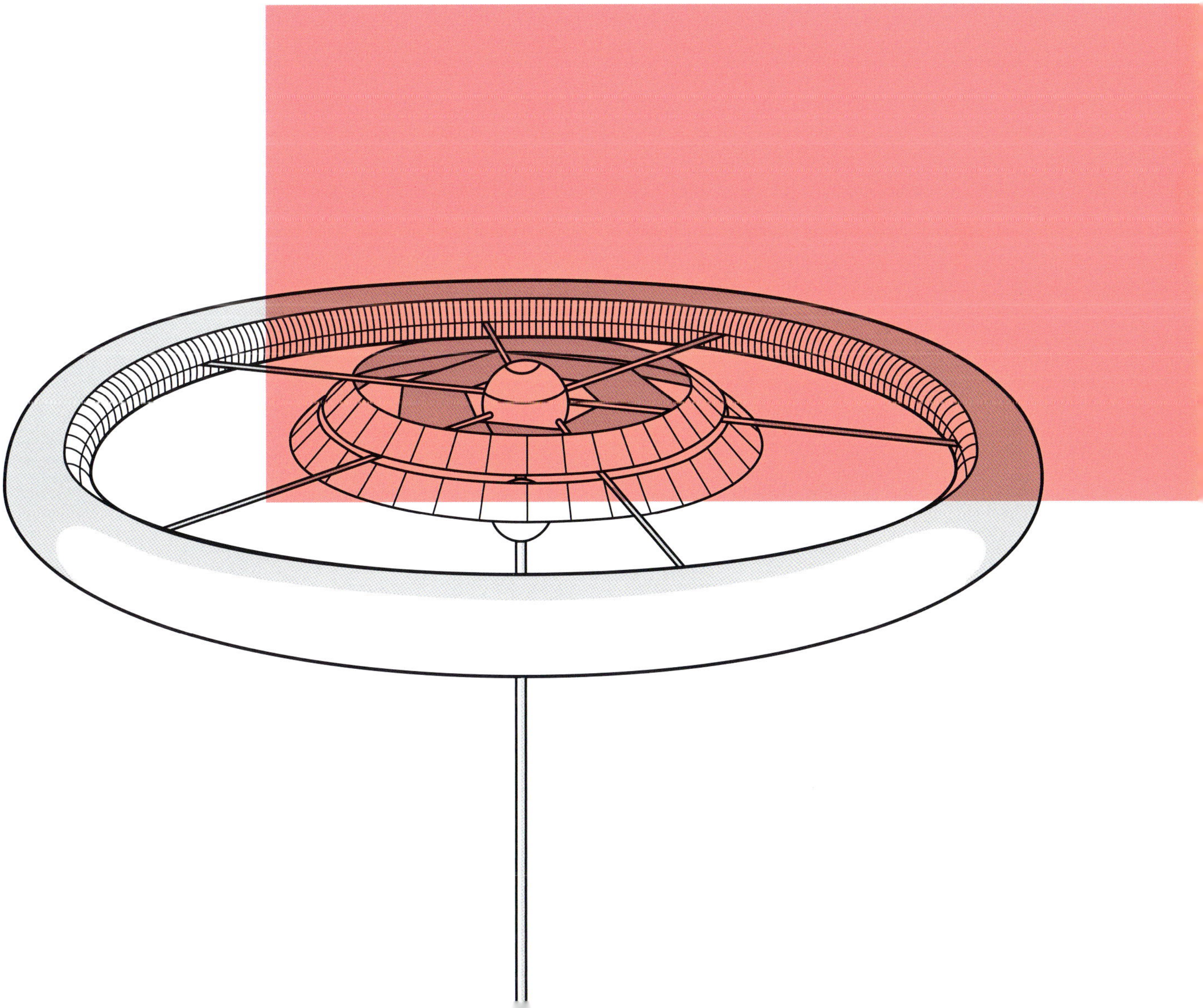

COS'È UNA STAZIONE SPAZIALE?

È una base permanente nello spazio, dove a turno vivono e lavorano degli astronauti. Le stazioni spaziali offrono un ambiente straordinario per la scienza, poiché la microgravità consente di effettuare esperimenti entusiasmanti che non si possono realizzare sulla Terra. Attualmente sono in orbita la Stazione spaziale internazionale (ISS), costruita da vari Paesi, e la cinese Tiangong.

LO SAPEVI?

La costruzione e manutenzione della ISS sono costate oltre 100 miliardi di dollari.

▼ Cooperazione

Negli anni '50 e '60, fra Stati Uniti e Unione Sovietica (oggi Russia) vi fu una gara per imporsi come superpotenza dominante nello spazio. Con il tempo questa competizione è diventata una cooperazione. Dal 1998 gli ex rivali collaborano fra loro e con altri Paesi nella costruzione e nella manutenzione della ISS. La stazione ospita astronauti di Stati Uniti, Russia e molti altri Paesi.

Come fa la stazione a rimanere nello spazio?

Rimane in quota sopra la Terra perché è in orbita e attorno al pianeta segue una traiettoria curva resa possibile dall'elevata velocità. Un corpo in movimento nel vuoto, se su di esso non agisce un'altra forza, continua a viaggiare in linea retta. Nel caso della stazione orbitante, l'intensa gravità della Terra incurva la traiettoria, che diventa una continua caduta libera attorno al pianeta.

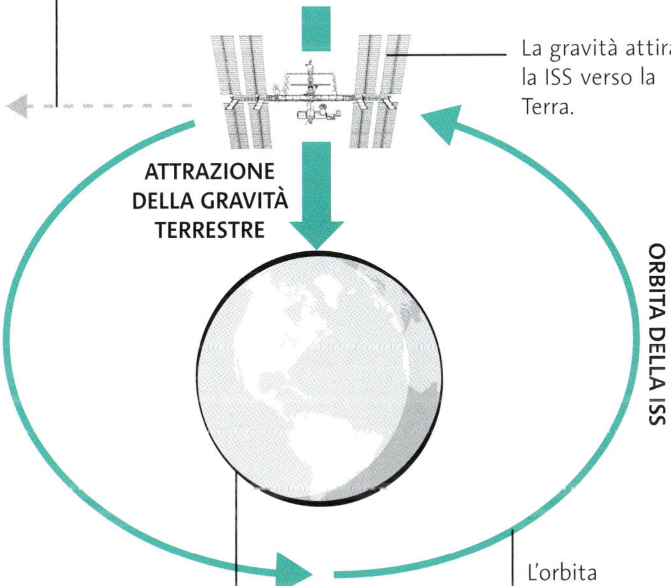

Vita in microgravità

L'espressione "assenza di gravità" in riferimento a un veicolo spaziale è imprecisa. In realtà, gli astronauti sono soggetti a un'attrazione gravitazionale quasi uguale a quella presente sulla superficie terrestre. Tuttavia, sulla ISS i corpi non cadono "giù" perché procedono tutti assieme alla stessa velocità nella traiettoria attorno alla Terra. Gli scienziati definiscono questo effetto "microgravità", che per gli astronauti a bordo può essere divertente, ma talvolta anche frustrante.

Ambiente estremo

Per gli astronauti il viaggio nello spazio è un'impresa colossale. Dentro la stazione o all'esterno durante una passeggiata spaziale, lavorare nel vuoto impegna all'estremo le capacità fisiche e mentali. I pericoli da affrontare sono numerosi, dall'esposizione a radiazioni nocive al rischio di essere investiti da detriti spaziali.

STAZIONE SPAZIALE INTERNAZIONALE (ISS)

Per vedere la ISS non serve un telescopio: è tanto luminosa che si può osservare a occhio nudo nel cielo notturno. Questa foto a lunga esposizione la raffigura mentre sorvola il Galles. Si può scoprire dove stia passando consultando il sito Internet "Spot the Station" della NASA o con alcune app di tracciamento disponibili per smartphone.

Luna di mattoni

Nel 1869 il racconto *La luna di mattoni* dello scrittore americano Edward Everett Hale descrisse la prima stazione spaziale della letteratura: un satellite che accidentalmente viene lanciato con persone a bordo.

Ruota in orbita

Nel 1952 l'ingegnere di origine tedesca Wernher von Braun, che negli Stati Uniti avrebbe progettato il razzo *Saturno V*, descrisse una stazione spaziale a forma di ruota, che girava su se stessa per simulare gli effetti della gravità.

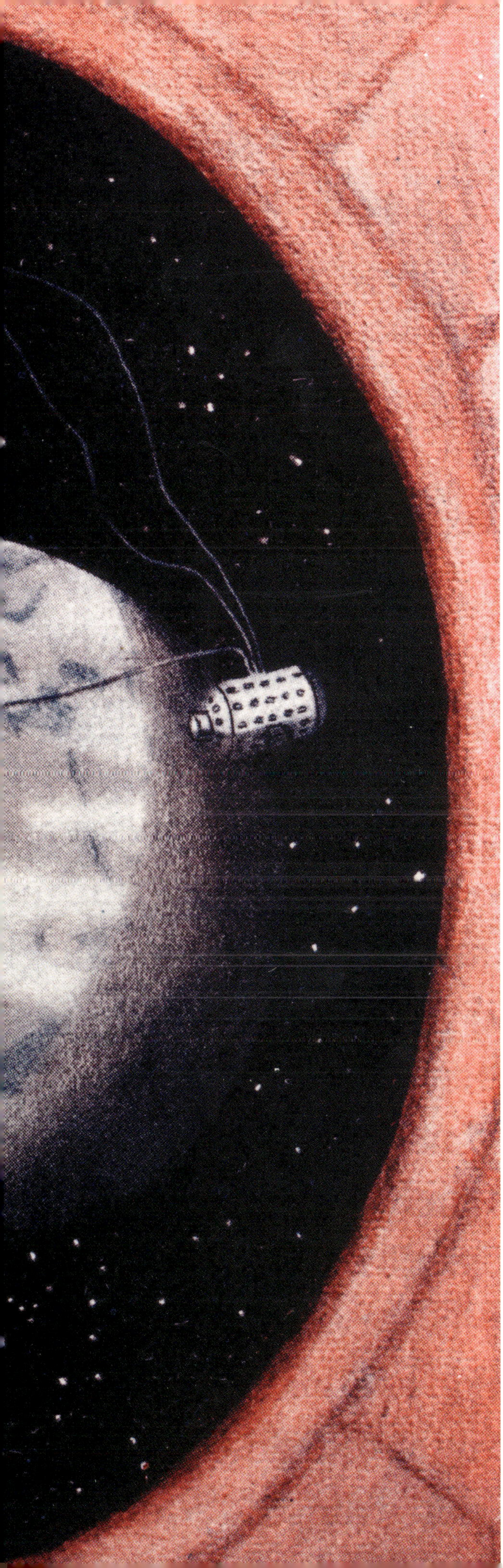

SOGNI SPAZIALI

Da centinaia d'anni gli esseri umani sono affascinati dall'idea di vivere nello spazio, ma solo nel XX secolo scienziati e ingegneri lungimiranti iniziarono a elaborare una tecnologia missilistica in grado di trasformare quei sogni in realtà. Alcuni di loro compresero che una base orbitante in cui vivere ci avrebbe consentito di esplorare lo spazio e di conoscere meglio anche la Terra.

◀ Prima idea

L'ingegnere austriaco Herman Potočnik, noto anche con lo pseudonimo di Herman Noordung, nel 1929 pubblicò il primo disegno dettagliato di una stazione spaziale divisa in tre parti, la più grande delle quali era una "ruota abitata" di 30 m in rotazione (in basso a sinistra), collegata tramite cavi a un modulo laboratorio (in alto al centro) e a un osservatorio (a destra).

Stazione rotante

Agli esordi del volo spaziale, gli scienziati non sapevano se si potesse sopravvivere in assenza di peso. Alla fine degli anni '60, molti progetti di stazioni spaziali (come questo della NASA) usavano la rotazione per generare una forza in grado di imitare gli effetti della gravità. Solo con successive missioni spaziali gli scienziati capirono che la rotazione non era necessaria: era possibile vivere in microgravità.

CITTÀ NELLO SPAZIO

Negli anni '70, gli ingegneri elaborarono progetti per costruire enormi habitat spaziali autonomi. Nulla di tanto ambizioso è mai stato costruito, ma il progetto più caratteristico fu il Toro di Stanford. Si componeva di un anello a ciambella (toro) di 1,8 km di diametro, costruito con materiali prelevati sulla Luna o su asteroidi. In grado di ospitare 10.000 persone, compiva una rotazione al minuto, esercitando così una forza che imitava gli effetti della gravità. All'interno dell'anello, enormi specchi riflettevano la luce del Sole verso gli abitanti.

Imitazione della natura

Per ridurre la necessità di rifornimenti dalla Terra, il Toro di Stanford avrebbe avuto un suo ambiente "naturale", come il nostro pianeta, con piante e animali, nonché acqua e aria per consentire la vita. Forse un giorno simili habitat spaziali enormi diverranno realtà.

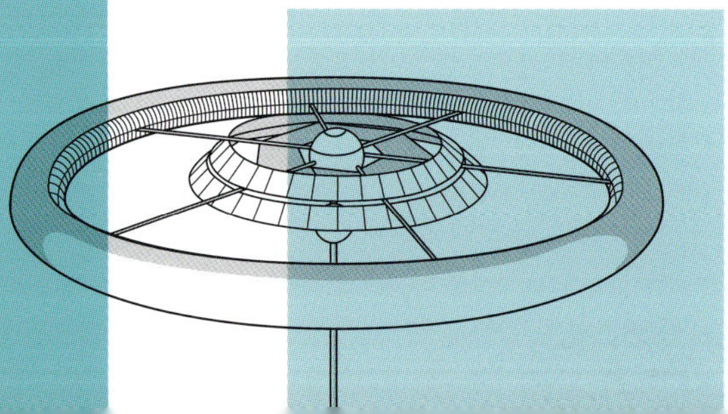

STORIA DELLE STAZIONI

La primissima stazione spaziale, la Saljut 1, fu lanciata nel 1971, soltanto 10 anni dopo il primo volo umano nello spazio con il cosmonauta russo Jurij Gagarin. Le lezioni apprese con la progettazione e il funzionamento della Saljut 1 e dei suoi successori permisero a scienziati e ingegneri di costruire habitat spaziali sempre più grandi e perfezionati. La ISS in orbita oggi è una delle più grandi imprese scientifiche e ingegneristiche dell'umanità.

MODELLO DELLA SALJUT 1

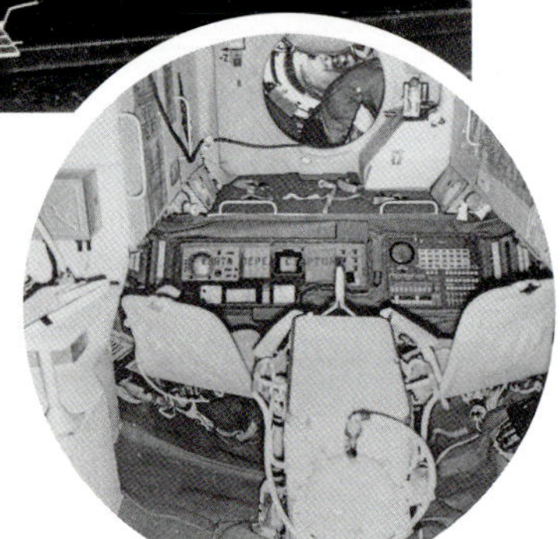

INTERNO DELLA STAZIONE SPAZIALE SALJUT 1

SALJUT 1

1971

Lanciata dall'Unione Sovietica, la prima stazione spaziale aveva forma cilindrica, con pannelli solari e un punto d'attracco per l'astronave *Sojuz*. Rimase in orbita 175 giorni.

La Saljut 7 aveva 3 pannelli solari principali, ai lati dei quali se ne potevano installare altri.

LA SALJUT 7 (IN ALTO) ATTRACCATA ALLA NAVICELLA SOJUZ (IN BASSO)

SALJUT 7

1982-1986

Ultima delle stazioni spaziali russe di questa serie, la Saljut 7 ospitò 6 equipaggi residenti e 4 missioni in visita, dopodiché fu abbandonata per un guasto elettrico.

MIR

1986-1996

La russa Mir fu la prima grande stazione costruita un pezzo per volta nello spazio. Ospitò varie missioni a guida russa e fu visitata da navette spaziali americane.

EMBLEMA DEL PROGRAMMA MIR-NAVETTA SPAZIALE

SKYLAB
1973-1974

Nel maggio 1973 fu lanciato lo Skylab, prima stazione spaziale americana. La struttura fu danneggiata alla partenza, ma 3 equipaggi salirono comunque a bordo, con missioni durate 28, 59 e 84 giorni.

Quasi 300
Numero di esperimenti eseguiti a bordo dello Skylab.

APOLLO-SOJUZ
1975

La missione *Apollo-Sojuz*, prima collaborazione internazionale nello spazio, comportò l'attracco fra un modulo americano *Apollo* e una navicella sovietica *Sojuz*, rimasti in orbita terrestre per quasi due giorni. Tre astronauti americani e due cosmonauti russi sperimentarono la tecnologia di attracco fra astronavi.

EMBLEMA DELLA MISSIONE APOLLO-SOJUZ

Un modulo di attracco appositamente progettato consentì agli equipaggi di spostarsi fra il modulo *Apollo* (a sinistra) e la navicella *Sojuz* (a destra).

MODELLO SPERIMENTALE APOLLO-SOJUZ

STAZIONE SPAZIALE INTERNAZIONALE (ISS)
DAL 1998 A OGGI

La ISS, la più grande struttura di costruzione umana nello spazio, è stata realizzata da 16 Paesi. I primi moduli furono lanciati nel 1998 e i primi residenti la raggiunsero nel 2000.

5
Numero di agenzie spaziali che si occupano della manutenzione della ISS.

EMBLEMA DELL'ULTIMA MISSIONE SULLA TIANGONG-1

TIANGONG-1
2011-2016

La prima stazione spaziale cinese ha un nome che significa "Palazzo celeste". Nel 2012 e nel 2013 è stata raggiunta con l'astronave *Shenzhou* da due equipaggi, in cui vi erano anche le prime donne taikonaute (astronaute cinesi), Liu Yang e Wang Yaping.

COSTRUIRE UNA STAZIONE SPAZIALE

Le prime stazioni spaziali erano semplici strutture cilindriche, immesse in orbita bassa attorno alla Terra con un unico lancio. Quelle successive, come la Mir e la ISS, furono costruite in varie fasi, con il lancio separato di unità autonome, dette moduli, che venivano congiunte fra loro in orbita dagli astronauti durante passeggiate spaziali, anche con l'uso del braccio robotico Canadarm1 della navetta spaziale. La ISS è il progetto di costruzione più ambizioso della storia umana, e il suo montaggio ha comportato decine di lanci di razzi, voli di navette spaziali e passeggiate nello spazio.

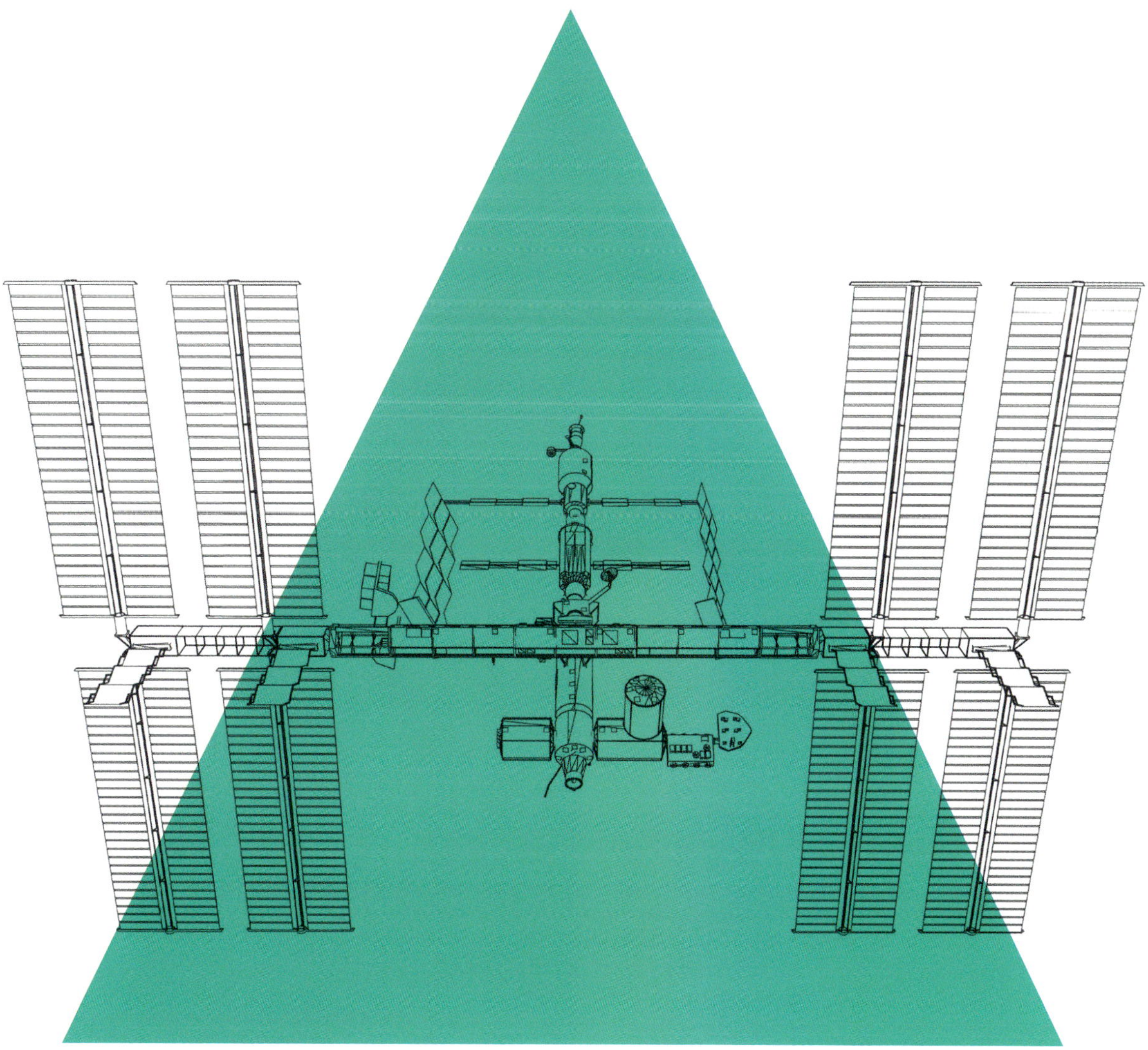

COM'È FATTA LA ISS

La ISS, che compie un'orbita attorno alla Terra ogni 93 minuti a una velocità di 28.000 km/h, è la struttura più grande e complessa mai costruita nello spazio. Gli astronauti vi conducono entusiasmanti ricerche scientifiche, che poi sulla Terra gli ingegneri e gli scienziati sfruttano per perfezionare le capacità di volo spaziale umano e anche per migliorare la vita a casa nostra. La ISS è mantenuta in funzione e in condizioni di sicurezza dalle agenzie spaziali di Stati Uniti, Russia, Canada, Europa e Giappone.

▼ Una casa nello spazio

La ISS è grande quanto un campo di calcio e ha spazi abitativi equivalenti a una casa con 6 camere da letto. È costituita da varie unità cilindriche, dette moduli, collegate fra loro, mentre l'ossatura è formata da una travatura reticolare centrale di 108,5 m. Vi sono a bordo di continuo astronauti fin dal 2000.

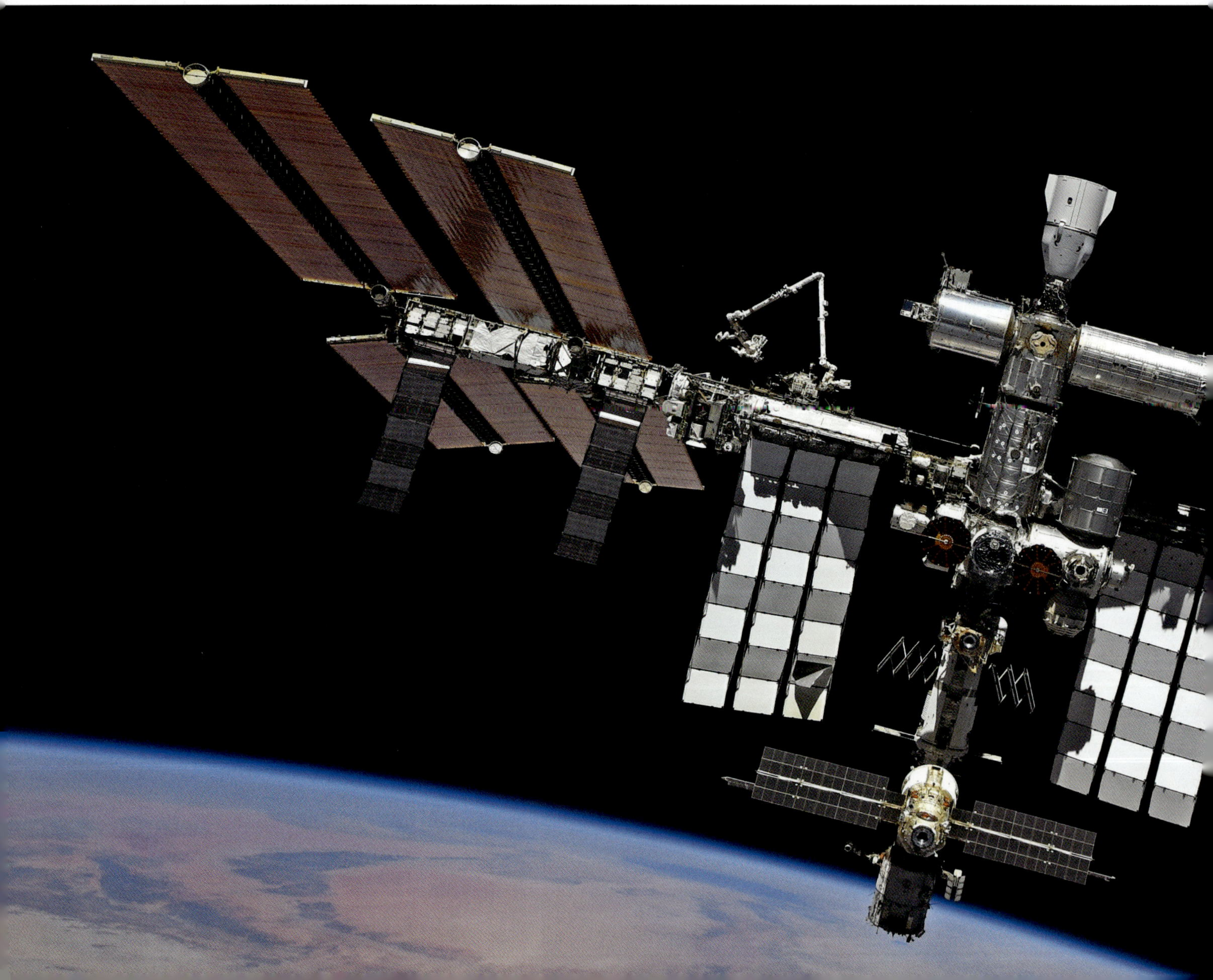

Mappa della ISS

Il primo modulo della ISS fu lanciato nel 1998. Da allora ne sono stati aggiunti molti altri, l'ultimo dei quali, *Nauka*, è arrivato nel 2021. Questo schema a vari colori indica alcuni dei moduli in cui vivono e lavorano gli astronauti.

LEGENDA

- Columbus (ESA)
- Harmony (NASA)
- Kibo (JAXA)
- Nauka (Roscosmos)
- Unity (NASA)
- Zarja (Roscosmos)

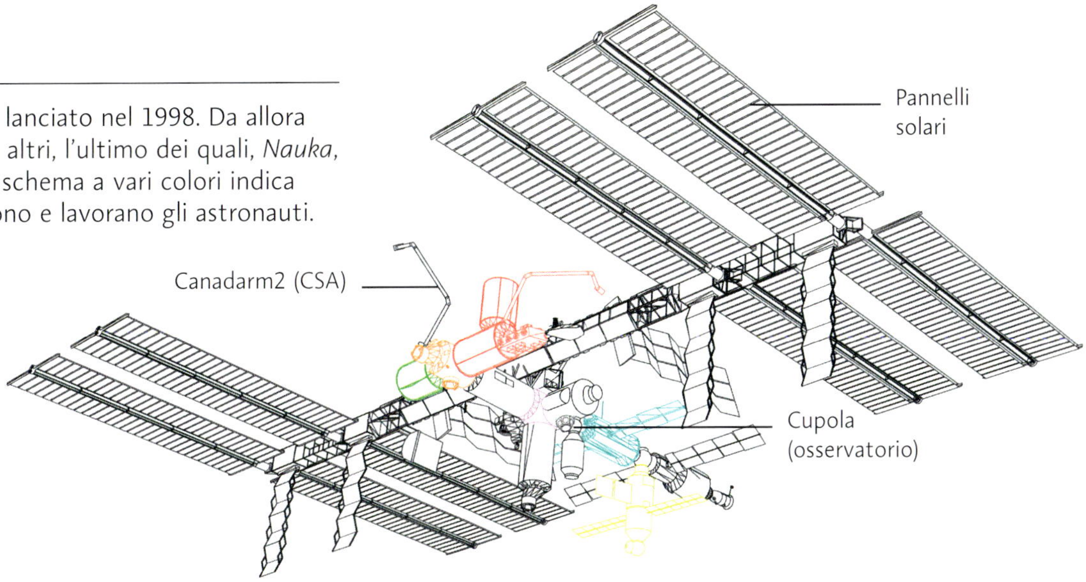

LO SAPEVI?

La ISS compie attorno alla Terra 16 orbite in 24 ore, perciò gli astronauti ogni giorno vedono 16 albe e 16 tramonti.

Agenzie spaziali

Della manutenzione della ISS si occupano 5 agenzie spaziali nazionali, che in tutto il mondo hanno migliaia di dipendenti.

Ente nazionale aeronautico e spaziale (NASA), con sede negli Stati Uniti

Roscosmos, agenzia spaziale nazionale della Russia

Agenzia spaziale canadese (CSA), con sede in Canada

Agenzia spaziale europea (ESA), costituita da 22 Paesi, con varie sedi in Europa

Agenzia giapponese per l'esplorazione aerospaziale (JAXA), con sede in Giappone

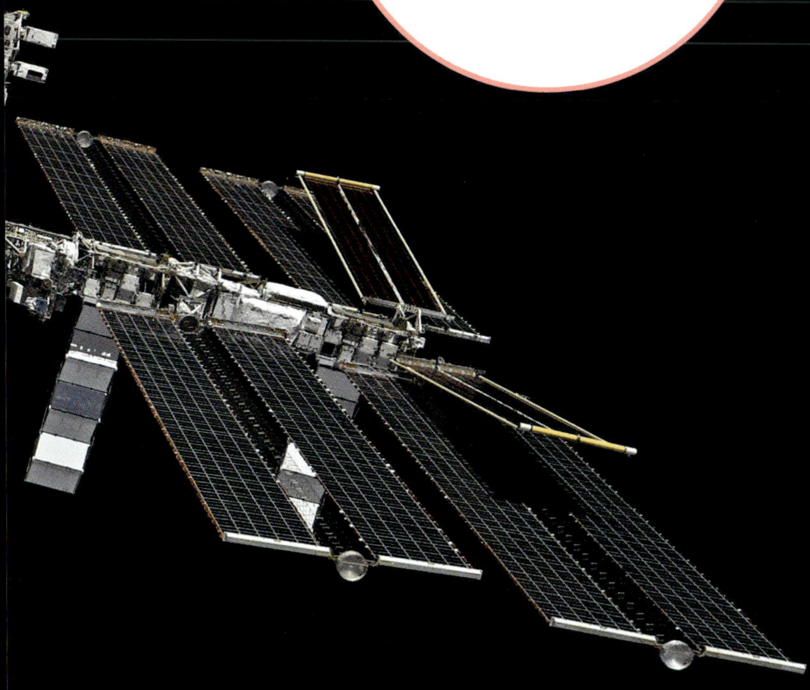

DENTRO LA ISS

Nella ISS sono in uso tutte le superfici (pavimenti, pareti, soffitti), perciò muoversi all'interno può essere disorientante. Sulle pareti vi sono cartelli che indicano agli astronauti come trovare la strada, nonché maniglie per consentire loro di spostarsi fra un modulo e l'altro tramite i portelloni.

▼ Moduli collegati

Qui sotto è illustrato il modulo di collegamento americano *Unity*, situato fra il modulo americano *Tranquility* (a destra) e il russo *Zarja* (a sinistra). *Tranquility* contiene apparecchiature da palestra per l'equipaggio, mentre *Zarja*, il primo modulo della ISS nello spazio, oggi viene usato soprattutto come magazzino. Gli emblemi delle missioni incollati alle pareti di *Unity* sono stati lasciati da equipaggi precedenti.

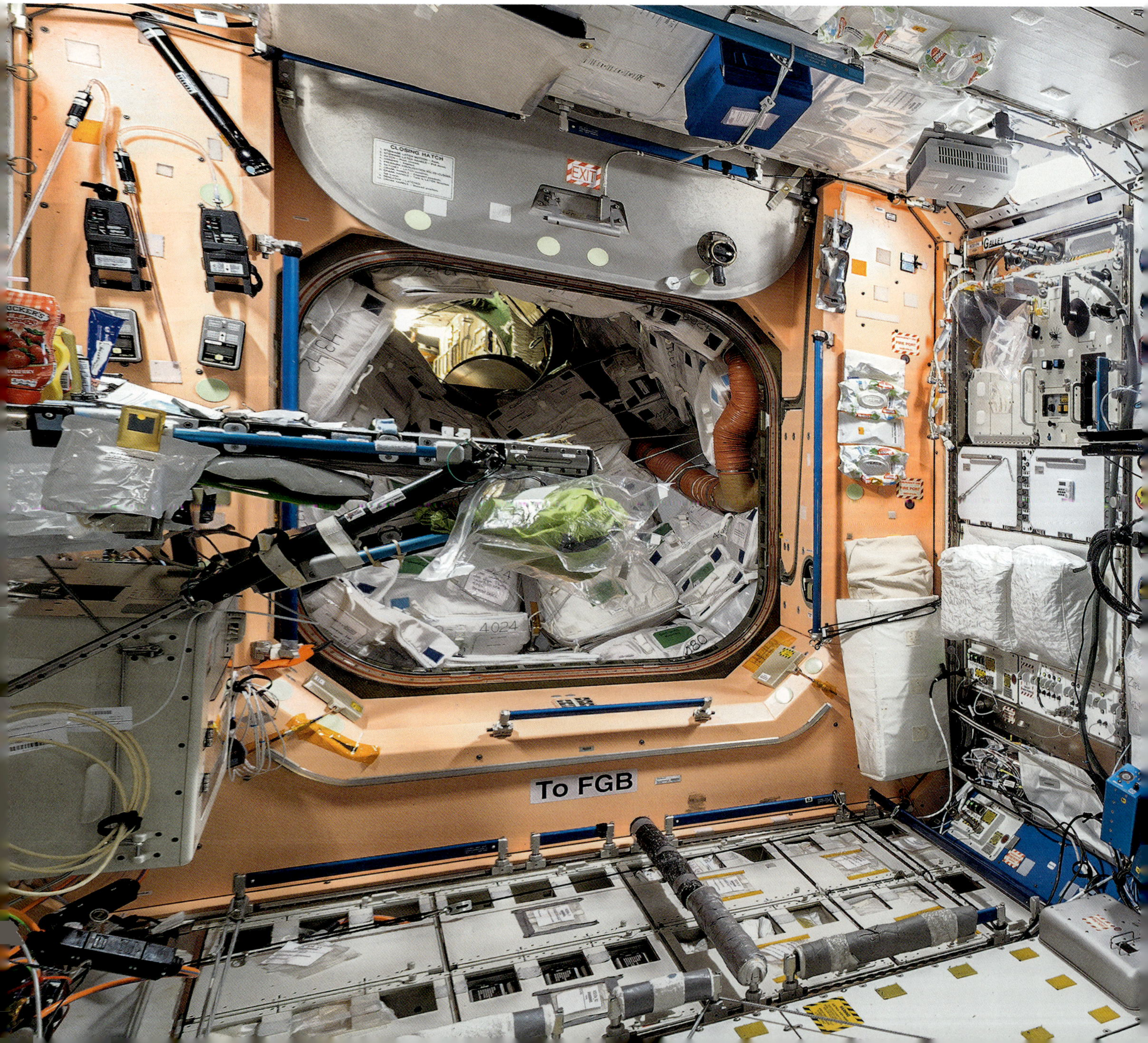

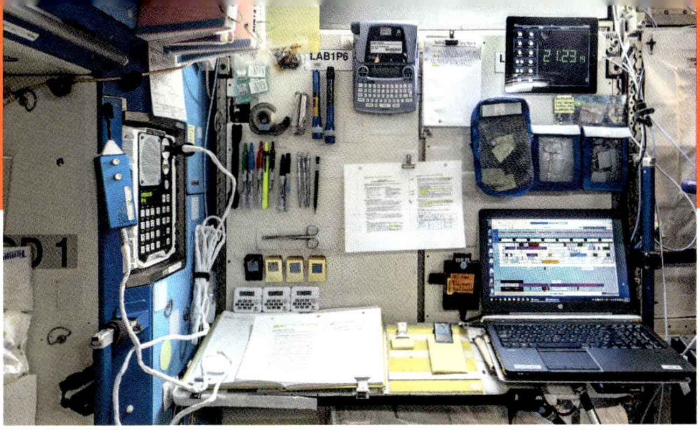

Scrivania in ordine

La scrivania di un astronauta è molto diversa da quelle sulla Terra. Si possono posare penne e carte ovunque: sulla scrivania stessa, sulla parete o sul soffitto. Per evitare che volino via, bisogna fissare tutti gli oggetti con Velcro, nastro adesivo o graffette.

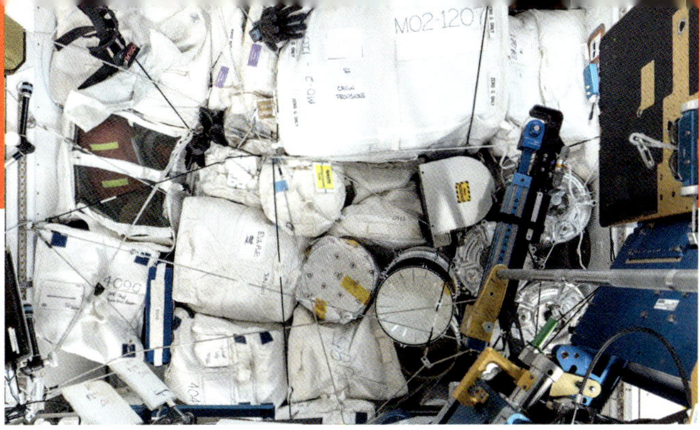

Magazzino

Sulla ISS lo spazio è prezioso, perciò ogni superficie è progettata per essere usata come magazzino. Con tanto materiale a bordo, dalle provviste alla spazzatura da riportare sulla Terra, per non smarrire nulla è essenziale tenersi al corrente di dove siano state messe le cose.

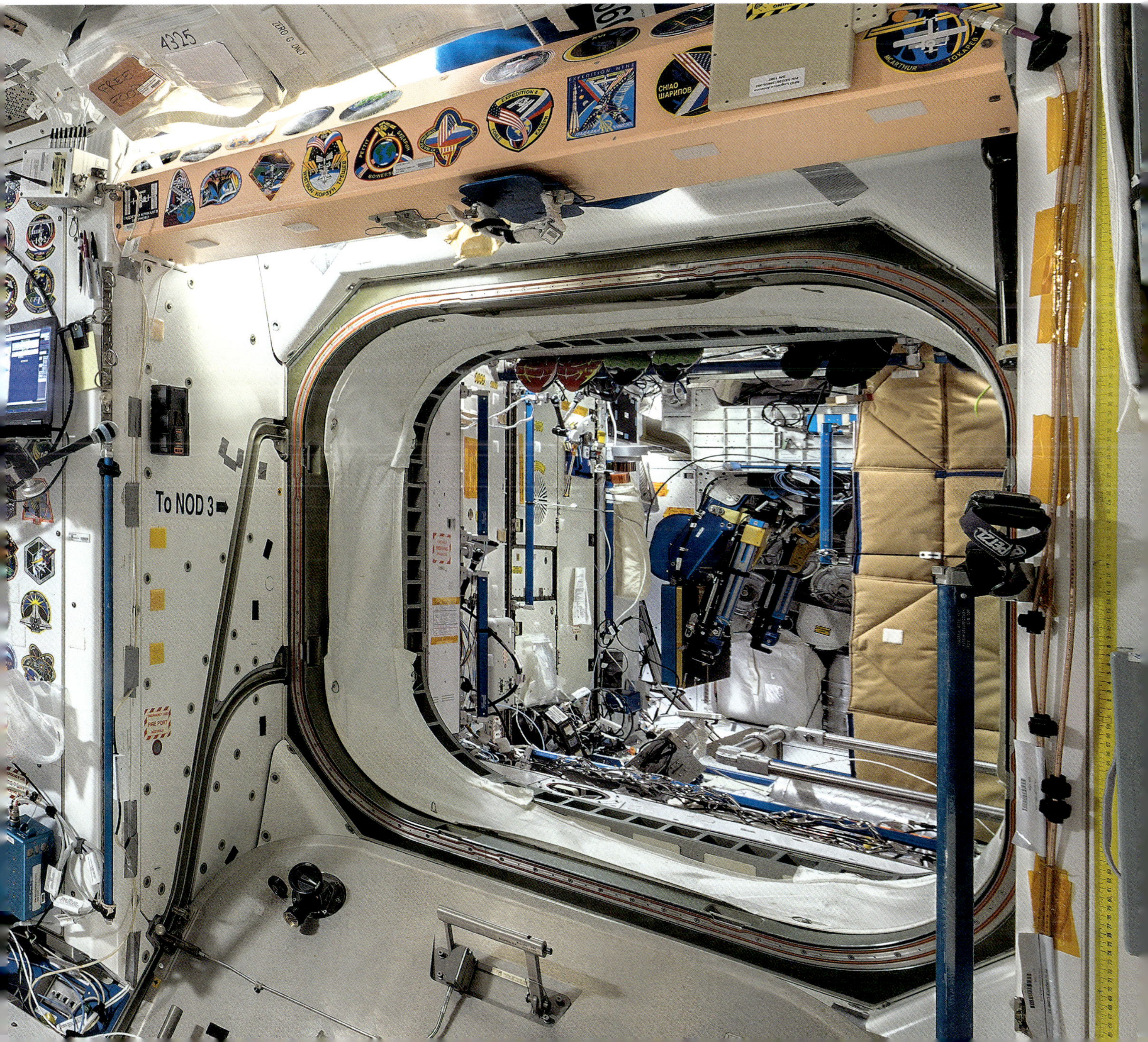

▲ *Zarja* e *Unity*

Zarja (che in russo significa "alba"), il 20 novembre 1998 fu il primo modulo della ISS ad andare nello spazio. Rimase in volo solitario finché fu collegato a *Unity*, lanciato due settimane dopo con la navetta spaziale *Endeavour*. Le due sezioni furono unite il 6 dicembre 1998.

LO SAPEVI?

Zarja oggi viene usato come magazzino, mentre l'energia è fornita da altri moduli.

Unione dei moduli

Collegare i moduli fu una delle manovre più complicate mai affrontate nello spazio. Dopo avere rincorso *Zarja* per due giorni, l'equipaggio usò Canadarm1, il grande braccio robotico dell'*Endeavour*, per catturare il modulo russo e collocarlo delicatamente al di sopra di *Unity*.

PRIMI MODULI

Il sogno di realizzare un progetto spaziale internazionale divenne realtà nel 1998, quando furono collegati i primi due moduli della ISS. Costruiti separatamente dai due partecipanti principali, Russia e Stati Uniti, avevano funzioni diverse. Il modulo russo *Zarja* forniva energia elettrica e fungeva da magazzino durante il montaggio, l'americano *Unity* serviva a collegare i moduli futuri.

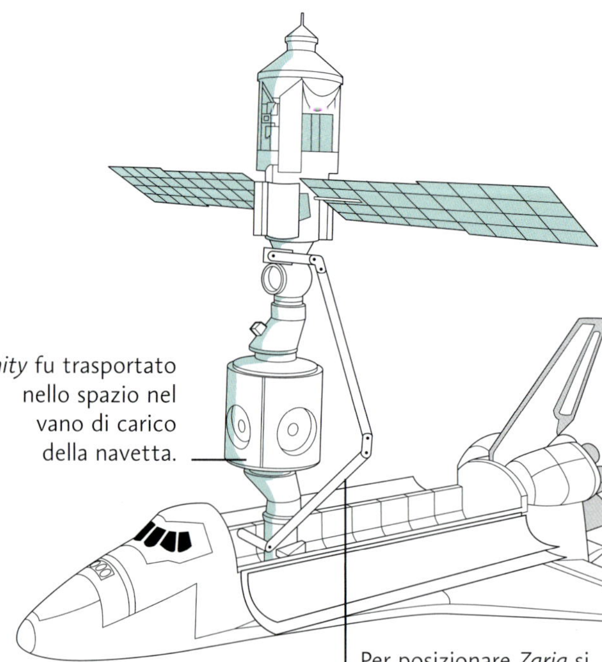

I due gruppi di pannelli solari sulle ali di *Zarja* fornivano energia elettrica.

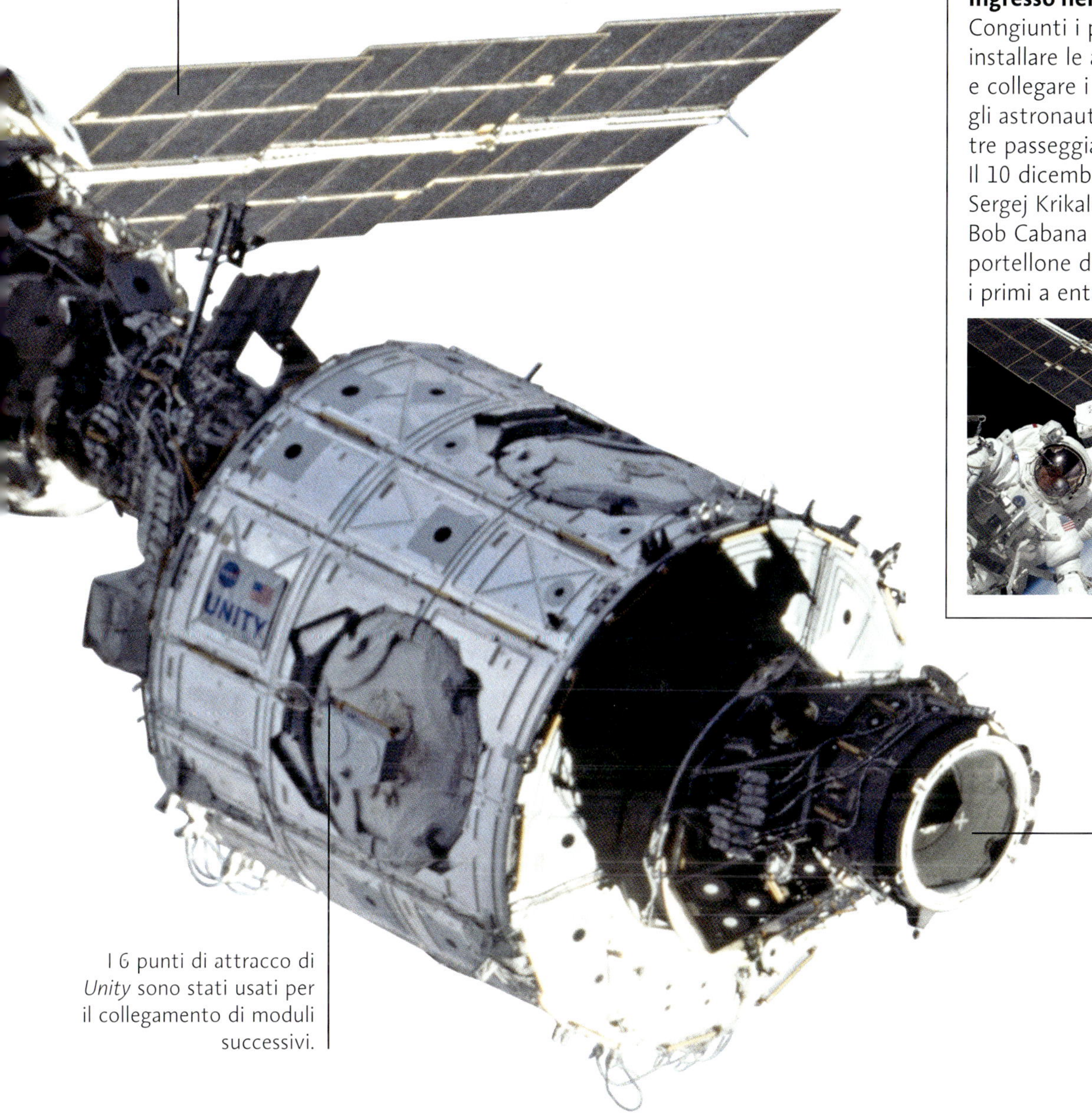

Gli adattatori di accoppiamento nei punti di attracco hanno consentito l'aggancio dei nuovi moduli.

I 6 punti di attracco di *Unity* sono stati usati per il collegamento di moduli successivi.

SENSAZIONALE

Ingresso nella ISS
Congiunti i primi moduli, per installare le apparecchiature e collegare i cavi elettrici gli astronauti effettuarono tre passeggiate spaziali. Il 10 dicembre 1998 il russo Sergej Krikalev e l'americano Bob Cabana aprirono il portellone di *Unity* e furono i primi a entrare nella ISS.

Costruzione di *Unity*

Unity è stato costruito nel Centro per il volo spaziale Marshall della NASA a Huntsville, Alabama. Il modulo è costituito da oltre 50.000 parti meccaniche e ha quasi 10 km di cavi elettrici.

Impegno internazionale

La ISS è una collaborazione tra 16 Paesi: Stati Uniti, Russia, Giappone, Canada, Brasile e 11 Stati europei. Il suo successo ha dimostrato che i Paesi possono cooperare a beneficio dell'umanità.

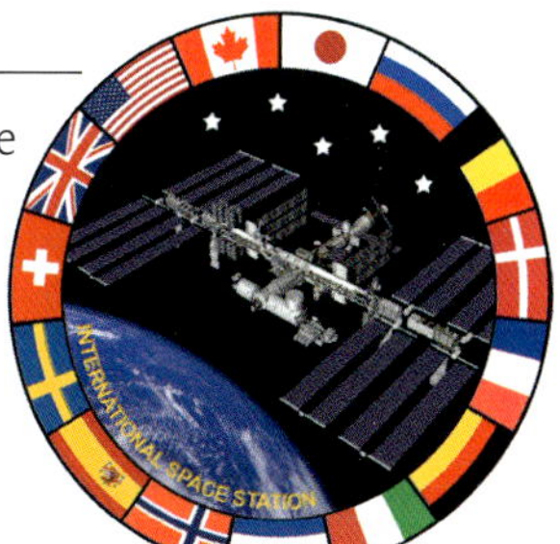

Navette spaziali verso la ISS

La navetta spaziale era costituita da 3 parti principali: una coppia di razzi ausiliari a propellente solido che incrementavano la spinta alla partenza; l'astronave, simile a un aereo, con carico ed equipaggio; e l'enorme serbatoio. Solo le prime 2 parti si potevano riutilizzare.

1 Si accendevano i razzi ausiliari assieme ai motori principali, portando in aria la navetta. Dopo 2 minuti, i razzi si staccavano dall'astronave e cadevano nel sottostante oceano Atlantico.

2 Nello spazio il pilota doveva con abilità far attraccare l'astronave alla ISS. L'avvicinamento della navetta per l'attracco poteva richiedere alcune ore.

3 Rientrata nell'atmosfera terrestre, l'astronave scendeva verso la pista come un aereo in volo planato, con il carrello abbassato. Dietro si apriva un paracadute, che assieme ai freni rallentava la navetta fino a fermarla.

LO SAPEVI?

La flotta era composta da 7 navette spaziali: *Enterprise*, *Columbia*, *Challenger*, *Discovery*, *Atlantis* e *Endeavour*.

NAVETTA SPAZIALE

Il Sistema di trasporto spaziale (STS), meglio noto come navetta spaziale (*space shuttle*), era un'astronave riutilizzabile in grado di portare nello spazio carichi enormi. Veniva lanciata come un razzo, e al termine della missione scendeva in volo planato atterrando come un aereo. La prima navetta spaziale volò nel 1981, e fino al 2011 fu l'unico veicolo della NASA in grado di condurre astronauti nello spazio. Nel 1998, quando ebbe inizio la costruzione della ISS, la navetta fu usata per il trasporto dei componenti.

◀ Astronave da carico

La NASA costruì 6 navette spaziali, dando loro il nome di famose navi storiche. Senza le navette non si sarebbe potuta costruire la ISS. In totale, la flotta compì 36 missioni per portare nello spazio i moduli della ISS e montarli, nonché per trasportare rifornimenti.

Vano di carico
La navetta spaziale aveva un enorme vano lungo oltre 18 m, che poteva contenere 29 ton di carico, equivalenti al peso di 5 elefanti.

Comandi complessi
La navetta spaziale era una delle macchine più complesse mai costruite, e pilotarla era difficilissimo: richiedeva un addestramento specializzato dei migliori piloti.

SENSAZIONALE

Il disastro della Columbia
Nel 2003 un danno all'ala sinistra della navetta spaziale *Columbia* ne causò la rottura durante il rientro nell'atmosfera terrestre. La tragedia costò 7 vite umane, e i voli della navetta furono sospesi per oltre 2 anni.

L'EQUIPAGGIO DELLA COLUMBIA

BRACCIO ROBOTICO

Il Canadarm2, progettato e costruito in Canada, è il modernissimo braccio robotico della stazione spaziale. Installato nel 2001, viene usato dagli astronauti per lo spostamento di grandi attrezzature, per la manutenzione e per l'attracco delle astronavi in arrivo. Canadarm2 è in grado spostarsi sull'intera lunghezza della ISS grazie a una piattaforma mobile collegata alla travatura reticolare della stazione.

LO SAPEVI?

Canadarm2 è il primo robot in grado di ripararsi da solo nello spazio.

Quattro fotocamere poste sul braccio consentono all'equipaggio di comandarne i movimenti.

◀ Canadarm2

Così come nei cantieri si usano le gru per sollevare e spostare oggetti pesanti, Canadarm2 sposta moduli, carichi e perfino astronauti da un punto all'altro della stazione spaziale.

Braccio lungo

Canadarm2 è lungo 17,6 m, 3 volte l'altezza di una giraffa. Se vi è rischio di collisione con un oggetto, possiede sensori che gli consentono di fermarsi automaticamente.

Il "gomito" del braccio ha una sola articolazione, mentre la "spalla" ne ha 3.

Il braccio ha 7 articolazioni motorizzate, perciò può muoversi con la destrezza di un braccio umano.

Cattura cosmica

Canadarm2 consente agli astronauti di catturare le astronavi da carico senza equipaggio che portano rifornimenti alla stazione. Il braccio si attacca delicatamente alla navicella e la trascina fino al punto d'attracco. Quindi l'equipaggio può aprire il portellone e vedere che cosa sia stato inviato.

Sotto gli occhi della sala di controllo sulla Terra e dell'equipaggio a bordo, l'astronave da carico *Kounotori* si avvicina lentamente alla ISS azionando i propulsori, quindi si posiziona per l'attracco.

Guidato dall'equipaggio, Canadarm2 cattura la navicella collegando la propria estremità a pinza (qui sotto) con il portello di attracco della navicella.

Estremità a pinza
Canadarm2 non è fisso in un posto: si muove lungo la stazione spaziale mediante la piattaforma mobile. Inoltre, gli astronauti possono spostarlo qua e là collegando una delle due estremità ad appositi portelli di attracco e capovolgendo il braccio come un bruco misuratore.

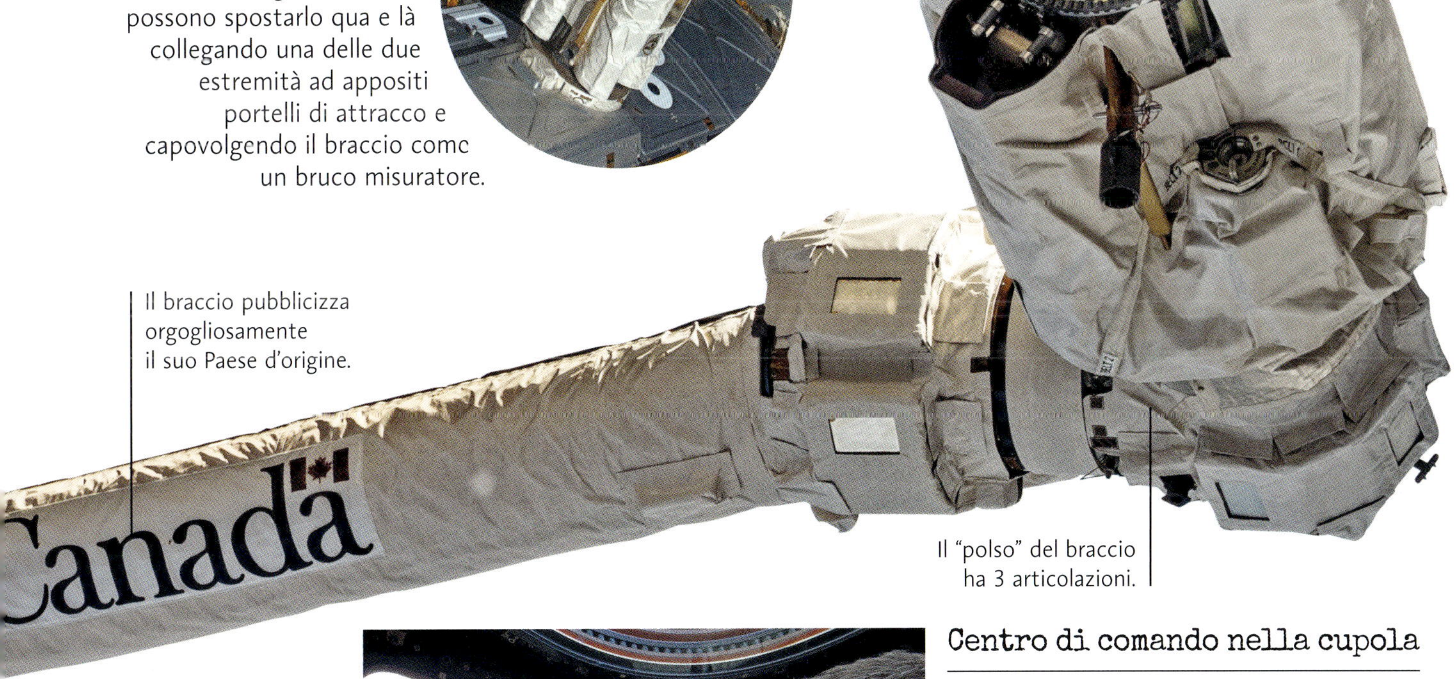

Il braccio pubblicizza orgogliosamente il suo Paese d'origine.

Il "polso" del braccio ha 3 articolazioni.

Centro di comando nella cupola

Canadarm2 viene comandato da due punti a bordo della stazione spaziale, uno dei quali è situato nella cupola, il modulo osservatorio (v. pp. 96-97). Le 6 finestre laterali e quella grande superiore della cupola consentono agli astronauti di osservare il braccio robotico mentre lo muovono. L'uso di Canadarm2 si apprende al Centro di addestramento per robotica dell'Agenzia spaziale canadese.

A PASSEGGIO

Talvolta gli astronauti devono uscire dalla ISS verso il buio dello spazio, con la cosiddetta passeggiata spaziale o attività extraveicolare. Ogni tanto, per spostarsi da una parte all'altra della stazione, devono usare il Canadarm2. Muoversi lungo l'enorme ISS può essere stancante, e gli astronauti sfruttano il braccio robotico per risparmiare tempo e fatica.

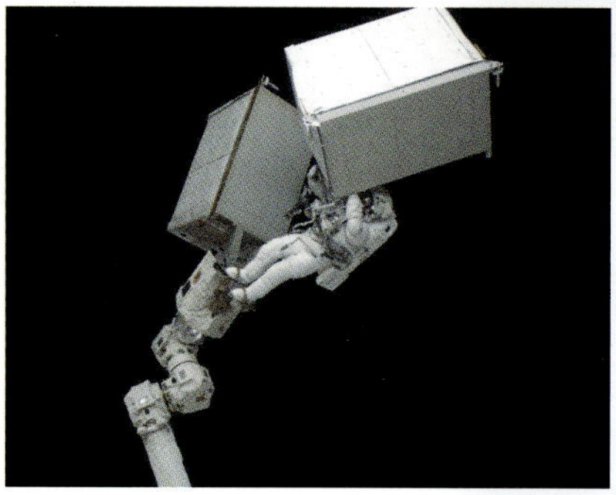

In equilibrio
Ancorato alla piattaforma di Canadarm2, l'astronauta svedese Christer Fuglesang installa un serbatoio di ammoniaca, usato per il raffreddamento della ISS.

Ben saldi

Canadarm2 ha una piattaforma munita di fermapiedi che tengono fermo l'astronauta quando il braccio si sposta. Un lungo cavo d'acciaio, l'attacco di sicurezza, impedisce all'astronauta di volare via.

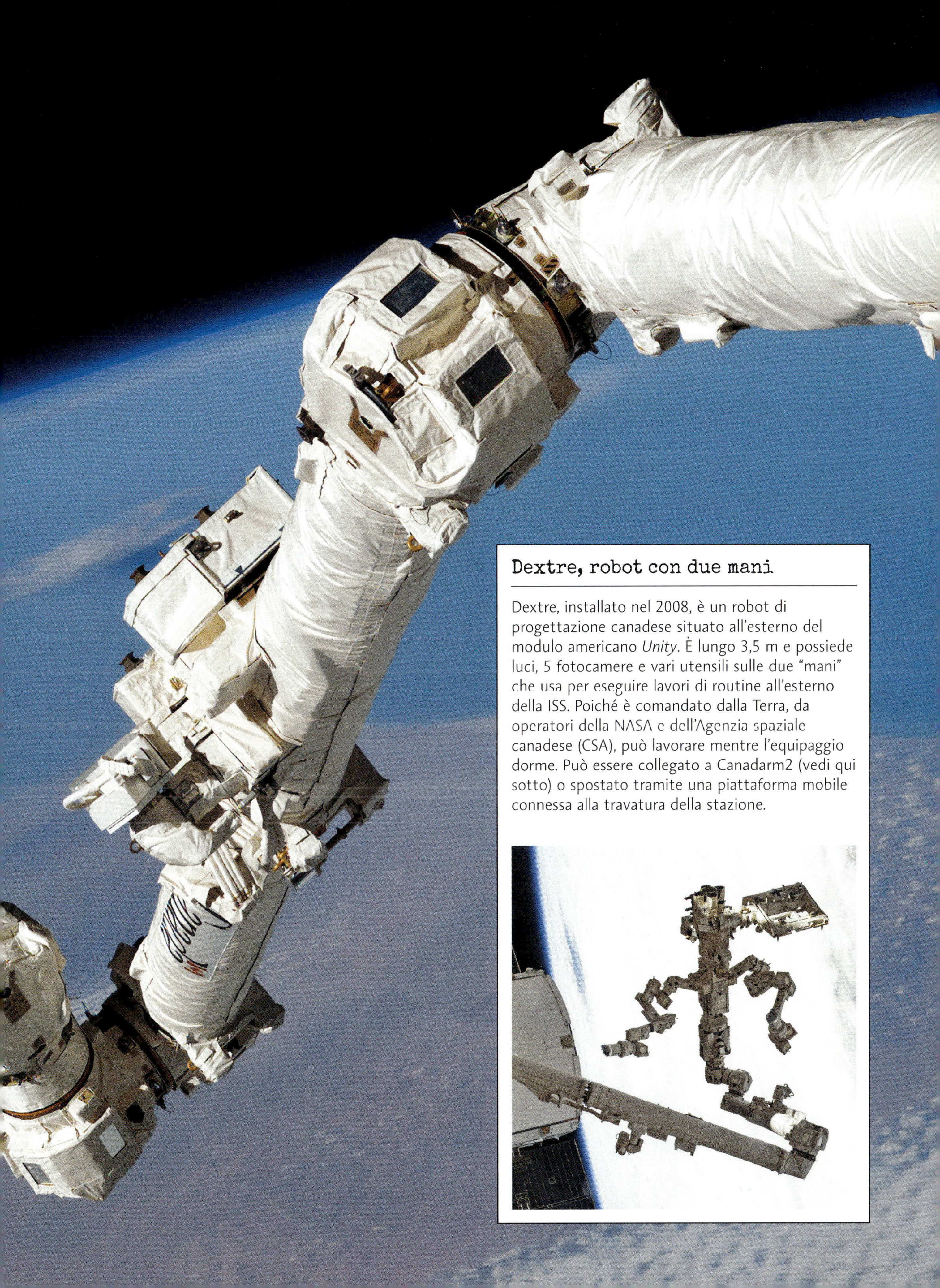

Dextre, robot con due mani

Dextre, installato nel 2008, è un robot di progettazione canadese situato all'esterno del modulo americano *Unity*. È lungo 3,5 m e possiede luci, 5 fotocamere e vari utensili sulle due "mani" che usa per eseguire lavori di routine all'esterno della ISS. Poiché è comandato dalla Terra, da operatori della NASA e dell'Agenzia spaziale canadese (CSA), può lavorare mentre l'equipaggio dorme. Può essere collegato a Canadarm2 (vedi qui sotto) o spostato tramite una piattaforma mobile connessa alla travatura della stazione.

LO SAPEVI?

Ciascun pannello solare è lungo 35 m, quasi quanto 3 autobus allineati uno dietro l'altro.

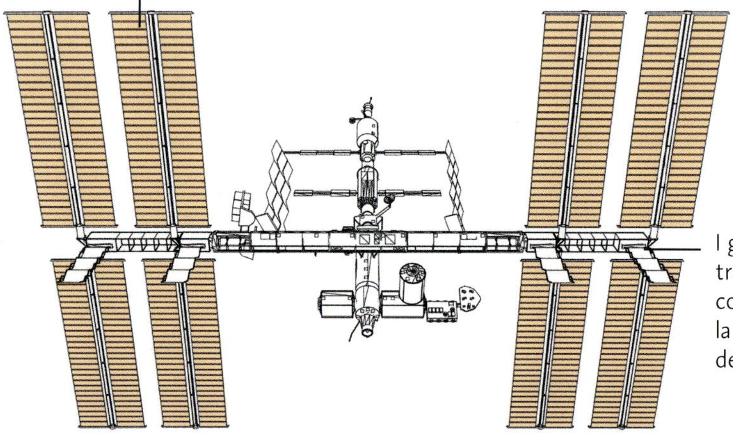

Energia essenziale
Per vivere e lavorare sulla ISS gli astronauti sono totalmente legati all'elettricità prodotta dai pannelli solari, ciascuno dei quali funziona in maniera indipendente, così se uno si guasta gli altri continuano a fornire energia.

Come funziona

Ogni pannello è coperto da uno strato esterno di celle solari, costituite da silicio. L'energia luminosa del Sole viene assorbita dalle celle e trasmessa agli strati interni, dove viene trasformata in energia elettrica che ricarica le batterie della stazione spaziale.

"Ali" gigantesche
La ISS ha 16 pannelli solari collegati come ali alle due estremità della travatura.

ENERGIA SOLARE

È impossibile fornire elettricità alla ISS con cavi dalla Terra, dato che la stazione orbita a 400 km di quota, perciò per generare corrente si sfrutta l'energia solare. Gli enormi pannelli fotovoltaici assorbono l'energia dei raggi solari e la trasformano in elettricità, che ricarica le batterie della stazione e in parte viene conservata per quando la ISS percorre l'ombra della Terra.

◀ Centrale elettrica

Nel loro insieme i pannelli solari della ISS producono fino a 120 kilowatt di energia, sufficienti ad alimentare più di 40 abitazioni sulla Terra. Per montare tutti i pannelli solari ci sono voluti vari anni e numerose passeggiate spaziali.

Nuovi pannelli solari

Con l'aggiunta di ulteriori moduli e apparecchiature, è essenziale che la stazione abbia elettricità sufficiente ad alimentare tutto, perciò la NASA sta aggiungendo pannelli solari per coprire una parte di quelli vecchi. Lunghi 18 m, i nuovi pannelli si possono arrotolare, perciò è facile caricarli su un razzo. Nel 2021 è stato installato il primo di 6 nuovi pannelli.

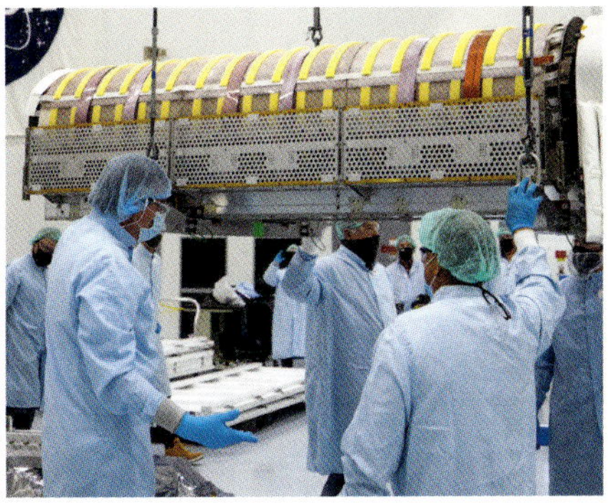

1 Al Centro spaziale Kennedy in Florida si carica su un veicolo di lancio *Falcon 9* di SpaceX il pannello solare arrotolato.

2 Gli astronauti effettuano una passeggiata spaziale per posizionare e collegare il nuovo pannello, poi srotolato per tutta la sua lunghezza.

DETRITI SPAZIALI

Quando si alza lo sguardo, il cielo appare sgombro, ma in orbita attorno alla Terra ci sono milioni di detriti, una miscela di oggetti abbandonati dagli esseri umani nello spazio: frammenti di razzi, utensili caduti agli astronauti durante le attività extraveicolari, vecchi satelliti non più in uso. Nel corso degli anni alcuni di questi oggetti si sono scontrati fra loro, generando ulteriori detriti. Questi frammenti vengono sorvegliati di continuo, e se vi è rischio di collisione la ISS può spostarsi per evitarli.

▶ Danni al pannello della Mir

I frammenti che ruotano attorno alla Terra viaggiano a una velocità 10 volte maggiore di un proiettile sparato da una pistola. A una simile velocità, se si schiantasse sulla stazione spaziale perfino l'oggetto più piccolo causerebbe danni. Nel giugno 1997, quando un veicolo di rifornimento senza equipaggio si scontrò con la stazione spaziale russa Mir, provocò un buco nel pannello solare.

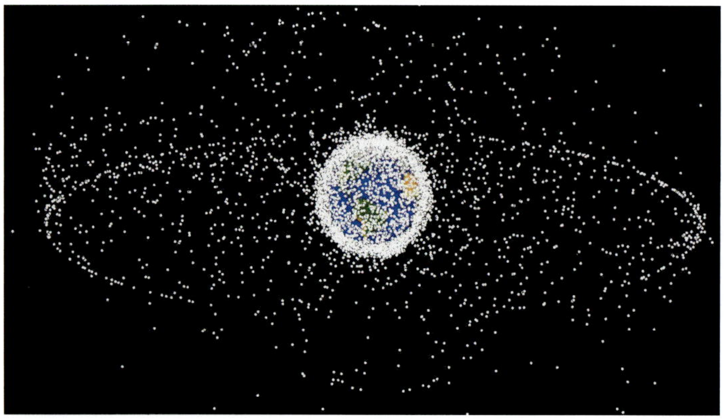

Rifiuti spaziali

Questa immagine generata al computer raffigura i frammenti più grandi sparsi attorno alla Terra. Per la maggior parte sono in orbita bassa, fra i 150 e i 1.000 km di quota. La Rete di sorveglianza spaziale degli Stati Uniti segue tutti i frammenti che sono più grandi di una pallina da tennis.

Danno al Canadarm2

Sebbene i detriti siano tenuti sotto attenta osservazione, la ISS non può evitarli tutti. Il 12 maggio 2021 sul braccio robotico Canadarm2 si è individuato un forellino di 5 mm, forse causato da una particella di vernice.

Pulizie

I detriti spaziali sono un grosso ostacolo nell'esplorazione dello spazio. Quando i frammenti si scontrano, si generano altri detriti, provocando ulteriori collisioni e così via. Se non si comincia a fare pulizia, prima o poi per un veicolo spaziale superare indenne questa zona sarà impossibile. Ma scienziati e ingegneri stanno lavorando a una soluzione: nuovi satelliti in grado di catturare i detriti e distruggerli.

Spazzatrice spaziale Sling-Sat
È un satellite spazzino che con i lunghi bracci catturerebbe i detriti e li scaglierebbe verso la Terra per farli bruciare nell'atmosfera. L'idea viene sviluppata dai ricercatori dell'università A&M nel Texas.

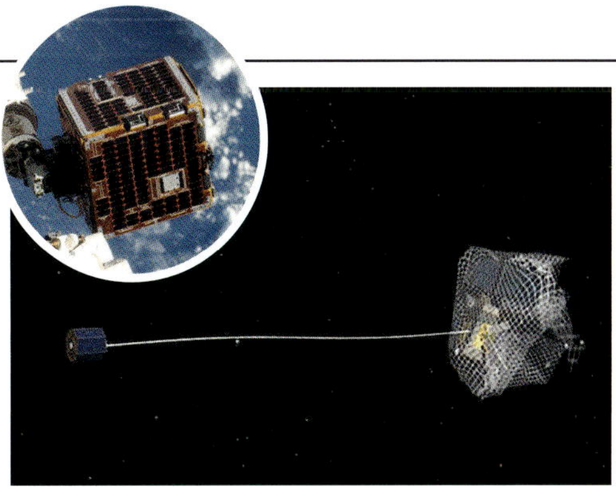

Rete spaziale
È in corso di sperimentazione il satellite RemoveDEBRIS, che catturerebbe i frammenti spaziali con una rete oppure li tirerebbe a bordo con un arpione, per poi portarli più vicino alla Terra e distruggerli nell'atmosfera.

MANSIONI DIETRO LE QUINTE

INGEGNERE

Quasi tutte le apparecchiature inviate nello spazio sono state messe a punto da ingegneri: dai razzi in grado di superare la forza di gravità fino alle toilette adattate all'assenza di peso. Esperti di matematica e scienze, gli ingegneri svolgono un ruolo essenziale nel progettare, costruire e collaudare la tecnologia necessaria per andare nello spazio, viverci e lavorarci. Assieme agli scienziati, continuano a trovare nuovi metodi per rendere più sicura e confortevole la vita degli equipaggi sulla stazione spaziale.

Momento del collaudo

La costruzione del prototipo (ossia della prima versione) di un'apparecchiatura da loro progettata consente agli ingegneri di osservarne il funzionamento. Il prototipo può anche svelare problemi da risolvere prima della versione definitiva.

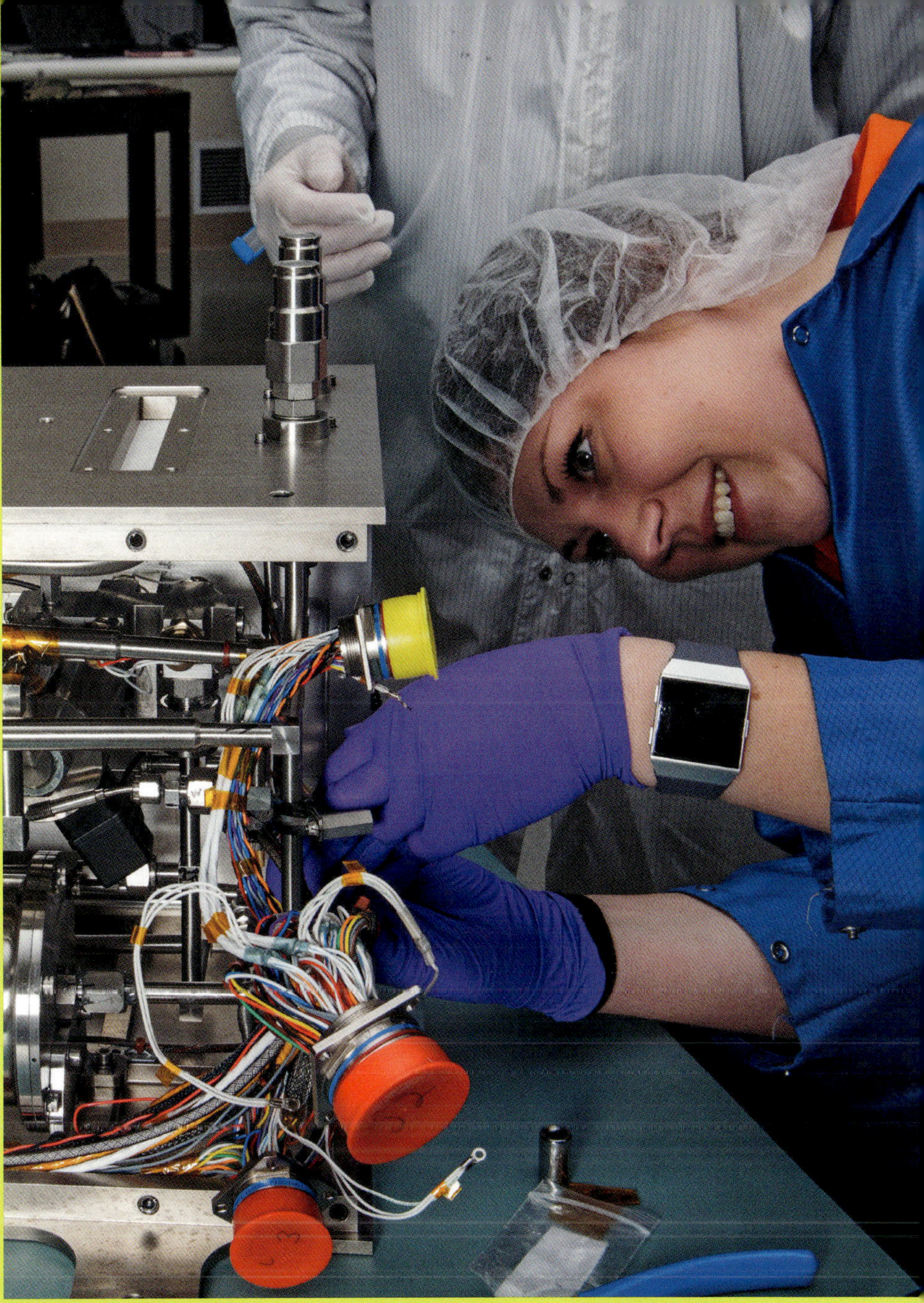

Ultimi controlli ▲
Gli ingegneri sono specializzati in vari settori, fra cui elettronica, scienza dei materiali, meccanica. Verificano che le apparecchiature funzionino correttamente e siano sicure per l'uso nello spazio.

Analisi di laboratorio

Gli ingegneri cercano continuamente di mettere a punto nuovi materiali che siano robusti per resistere al difficile ambiente dello spazio, ma anche leggeri da poter essere lanciati facilmente. Qui Liz Tomsik, ingegnere del Laboratorio di analisi dei materiali al Centro spaziale Kennedy in Florida, esamina al microscopio un nuovo prodotto.

COSTRUIRE UN MODULO

Nel luglio 2021, alla stazione spaziale è stato aggiunto un nuovo Modulo laboratorio multiuso (MLM), chiamato *Nauka* (che in russo significa "scienza"). Lungo poco più di 13 m, è il più grande modulo russo mai costruito. I cosmonauti lo useranno per eseguire esperimenti.

LO SAPEVI?

La struttura di *Nauka* si basa sul primissimo modulo della stazione spaziale, *Zarja*.

Controlli e ancora controlli Gli ingegneri avevano un lungo elenco di oltre 750 verifiche da eseguire prima di approvare *Nauka* per il lancio.

▼ Costruito sulla Terra

Vari collaudi di *Nauka* sono stati eseguiti al cosmodromo di Bajkonur, in Kazakistan, in ambiente igienizzato, per evitare contaminazioni da parte di sporcizia o germi. Gli ingegneri indossavano sempre tute, maschere, caschi e guanti. Il progetto ha subìto vari ritardi: il modulo doveva essere lanciato nel 2007, ma è stato terminato solo nel 2021.

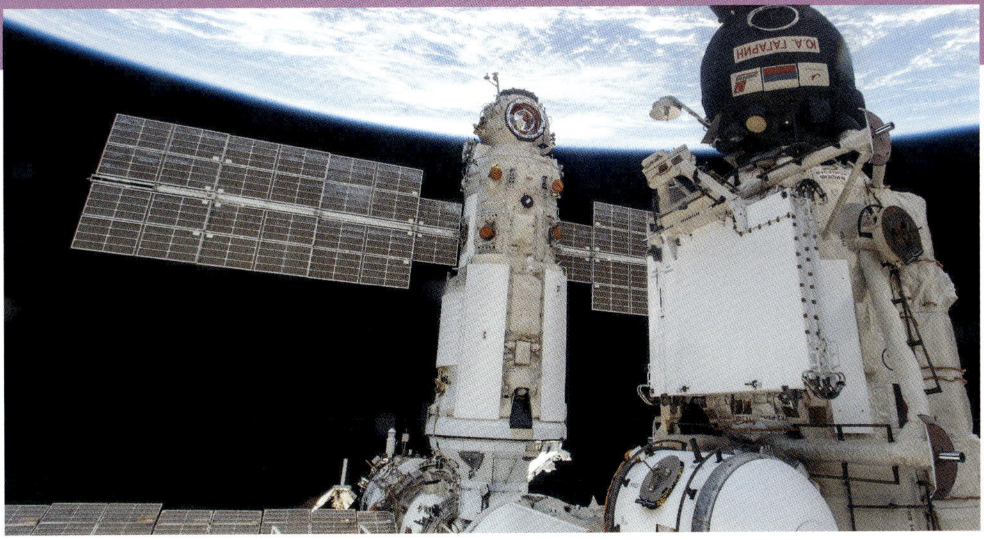

Nauka nello spazio

Nauka (a sinistra) ha attraccato alla ISS il 29 luglio 2021, collegandosi al modulo russo *Zvezda*. Si sono aperti i pannelli solari per l'alimentazione del modulo. Poco dopo si sono accesi per errore i propulsori, facendo ruotare la ISS una volta e mezza, prima che la sala di controllo e l'equipaggio riuscissero a fermarla!

Grandi pannelli radiatori espellono verso lo spazio il calore del modulo, evitando così che si surriscaldi.

Durante la costruzione sono state applicate piattaforme e scale gialle per consentire agli ingegneri di accedere con sicurezza a ogni parte del modulo.

LA CINA NELLO SPAZIO

La Cina mandò in orbita la sua prima astronave con equipaggio nel 2003, quando il taikonauta (astronauta cinese) Yang Liwei compì una missione a bordo del veicolo spaziale *Shenzhou 5*. Da allora il programma spaziale cinese è progredito rapidamente, e oggi la Cina rivaleggia con Stati Uniti e Russia per la supremazia in campo spaziale.

▶ Lancio del razzo

Tutte le missioni cinesi con equipaggio sono partite dal Centro di lancio per satelliti Jiuquan, situato nel deserto di Gobi, Mongolia Interna. Le navicelle *Shenzhou* vengono lanciate con il potente razzo a due stadi *Lunga Marcia 2F*. Con la *Shenzhou 10* (nella foto) è stata effettuata la quinta missione, lanciata nel 2013.

Costruzione dell'astronave *Shenzhou*

La navicella *Shenzhou* somiglia a una versione ingrandita della russa *Sojuz*. È costituita in alto da un modulo orbitale cilindrico, al centro da un modulo di rientro a forma di campana, e alla base da un modulo di servizio cilindrico munito di pannelli solari.

Addestramento dei taikonauti

I taikonauti cinesi, selezionati tra le forze armate, si addestrano in un centro vicino a Pechino. Qui 3 taikonauti fanno pratica in una capsula di rientro. Dal 2015, in preparazione di una missione congiunta alla stazione spaziale Tiangong, cinesi ed europei si addestrano assieme.

LO SAPEVI?

Il razzo *Lunga Marcia 2F* in Cina è soprannominato Shenjian, che significa “freccia divina”.

Futuri taikonauti

La Cina considera l’esplorazione dello spazio un modo per stimolare una nuova generazione di scienziati e ingegneri. I taikonauti tengono conferenze dall’orbita, e per gli studenti sono disponibili borse di studio e colonie estive.

SENSAZIONALE

Prima donna taikonauta
Nel 2012 la pilota Liu Yang è stata la prima donna cinese ad andare nello spazio nell’ambito di un equipaggio di 3 persone con la missione *Shenzhou 9*. Durante i 13 giorni di volo ha eseguito esperimenti di medicina spaziale.

In orbita terrestre

Questa illustrazione raffigura l'aspetto che avrà la Tiangong in orbita una volta completato il montaggio. Vi sono due moduli laboratorio (*Wentian* e *Mengtian*) collegati ai due lati del punto d'attracco (a destra e a sinistra), un'astronave da carico (*Tianzhou*, in basso a sinistra), il modulo *Tianhe* al centro e due astronavi *Shenzhou* in visita (sopra e sotto al centro). Si prevede che la stazione rimanga in uso per 10 anni.

STAZIONE SPAZIALE TIANGONG

Modulo principale

Il modulo principale della stazione, *Tianhe*, contiene il centro di comando e gli alloggi per gli astronauti a bordo. Inoltre, fornisce energia elettrica e possiede un braccio robotico che servirà a collegare alla stazione i moduli futuri.

Le stazioni spaziali cinesi sono chiamate Tiangong, che significa "Palazzo celeste". Tiangong-1 e Tiangong-2, lanciate nel 2011 e nel 2016, erano stazioni sperimentali per il collaudo di tecniche come l'attracco nello spazio. Quella successiva, definita semplicemente "Stazione spaziale Tiangong" o soltanto Tiangong, è una struttura più complessa, costruita (come la ISS) con il montaggio di moduli in orbita. Il modulo principale, *Tianhe*, è stato lanciato nel 2021, mentre nel 2022 sono stati aggiunti due moduli laboratorio.

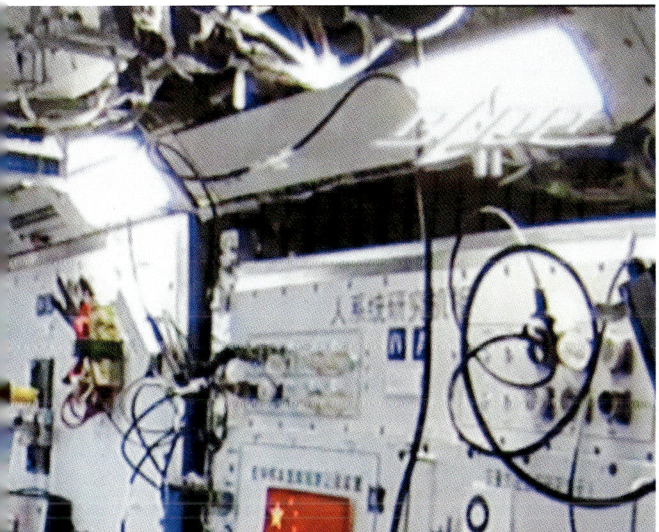

◀ Dentro *Tianhe*

Tianhe (Armonia celeste) ha spazio abitativo per 3 taikonauti con apparecchiature da palestra, un centro di comunicazione e (di particolare importanza) un sistema di sopravvivenza. Questa foto, scattata durante la prima missione con equipaggio verso la Tiangong, la *Shenzhou 12*, raffigura il taikonauta Tang Hongbo dentro il modulo, mentre il suo collega Nie Haisheng è fuori per una passeggiata spaziale.

SENSAZIONALE

Primo equipaggio
Il 17 giugno 2021 la Tiangong ha accolto i primi astronauti. L'equipaggio della *Shenzhou 12* (da sinistra a destra, Tang Hongbo, il comandante Nie Haisheng e Liu Boming) vi hanno trascorso 90 giorni, il triplo rispetto alle precedenti missioni spaziali cinesi.

Ritorno sulla Terra

Dopo 92 giorni in orbita, durante i quali l'equipaggio ha condotto vari esperimenti scientifici, il 17 settembre 2021 la capsula di rientro della *Shenzhou 12* è scesa nell'atmosfera ed è atterrata senza danni. Il successo della *Shenzhou 12* ha aperto la strada a missioni più lunghe e ambiziose sulla Tiangong.

3

PREPARAZIONE PER IL LANCIO

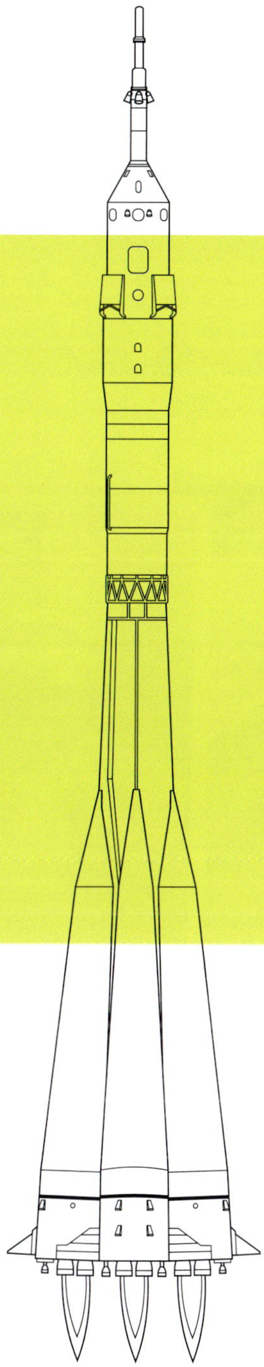

Un viaggio spaziale ha inizio molto tempo prima del giorno del lancio. Con anni di anticipo sulla missione i candidati astronauti affrontano un lungo programma di addestramento, durante il quale acquisiscono le competenze necessarie per vivere e lavorare in sicurezza nello spazio, da come lavarsi in microgravità a come effettuare riparazioni durante una passeggiata spaziale. Per un astronauta la preparazione non è mai troppa. Le attività vengono provate innumerevoli volte sulla Terra, in modo che dal momento della partenza tutti a bordo dell'astronave sappiano esattamente che cosa fare. Infine, dopo anni di addestramento, arriva il giorno del lancio ed è un'ascesa emozionante e sconvolgente verso un'orbita bassa attorno alla Terra.

COME SI DIVENTA ASTRONAUTI

Nessuno nasce astronauta. Per essere prescelti per i viaggi spaziali bisogna affrontare anni di duro addestramento. Le agenzie spaziali cercano candidati con competenze tecniche, attitudine al comando e capacità di affrontare situazioni difficili o pericolose. Da qui emergono gli astronauti del futuro.

Avvisi di reclutamento

Prima di scegliere i candidati per l'addestramento, le agenzie spaziali devono attirarli. Dati i progetti di portare esseri umani di nuovo sulla Luna, e in futuro perfino su Marte, potranno servire astronauti per incarichi di ogni genere, dall'esplorazione all'agricoltura. Potrebbero forse essere questi gli avvisi di reclutamento della NASA in futuro?

Vie d'accesso

Prima di essere accettati per l'addestramento, i candidati devono avere anni di esperienza lavorativa. A un'eventuale carriera di astronauta possono condurre varie professioni, per esempio pilota, scienziato o medico.

Pilota
Per guidare le astronavi serve una notevole esperienza. I piloti a volte sono selezionati fra i collaudatori, che provano i nuovi aerei per verificare la validità delle strutture.

Scienziato
I candidati emergono da un'ampia gamma di preparazioni scientifiche, tra cui matematica, ingegneria, biologia, fisica, informatica e medicina.

◀ Senza peso

La selezione degli astronauti, l'addestramento di base e la preparazione specializzata per le missioni richiedono anni di dedizione e sono assai impegnativi. Ma per quei pochissimi, come l'astronauta americano Alvin Drew (nella foto), che nel 2011 è stato il 200° a effettuare una passeggiata spaziale, la ricompensa è qualcosa di diverso da tutto ciò che potranno mai provare nella vita.

Addestramento dei candidati

I candidati a diventare astronauti affrontano un programma di addestramento di base che dura 2 anni. Sopra, la candidata Jasmin Moghbeli, nell'ambito del suo addestramento, studia la manutenzione dei motori su un aviogetto supersonico T-38.

Studio del russo

Data l'importanza della Russia nella partecipazione al programma ISS, è essenziale apprendere la lingua russa. Sulla *Sojuz*, che si usa per trasportare gli equipaggi verso la ISS, tutte le procedure di lancio e di atterraggio sono descritte in russo.

MANSIONI DIETRO LE QUINTE

ASTRONAUTA

I primi astronauti degli anni '60 venivano selezionati per il volo spaziale perché erano eccezionali piloti collaudatori. Da allora le capacità richieste per questo lavoro sono cambiate radicalmente, e oggi gli astronauti possono avere una preparazione scientifica o ingegneristica. Le loro mansioni sono di vario tipo: sulla Terra o nello spazio, non ci sono mai due giornate uguali. Gli astronauti devono essere in grado di lavorare con precisione, saper far parte di un gruppo e rimanere calmi in situazioni in cui si trovano sotto pressione.

Spille per astronauti

La NASA conferisce agli astronauti decorazioni con spille particolari. La spilla d'argento si riceve quando si è portato a termine l'addestramento di base, che può richiedere 2 anni dopo la selezione. La spilla d'oro è assegnata agli astronauti che sono stati nello spazio.

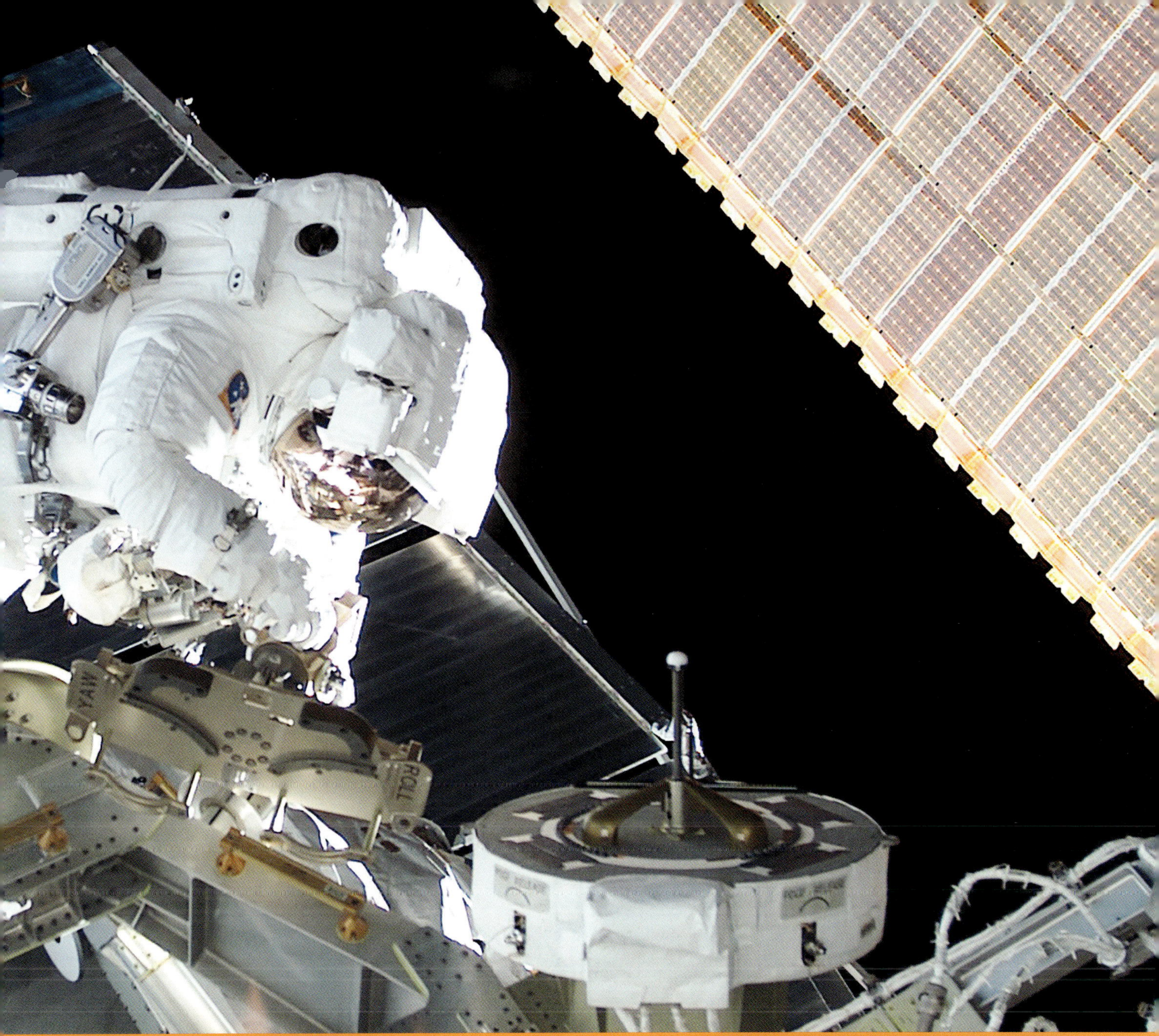

Scienziati nello spazio

La ISS è un entusiasmante laboratorio per esperimenti non effettuabili sulla Terra. Gli scienziati possono chiedere che certi esperimenti vengano eseguiti dagli astronauti, che diventano così le mani e gli occhi degli scienziati stessi. Sulla Terra, prima della missione, gli astronauti fanno pratica degli esperimenti da eseguire.

Divulgatori in tema spaziale

Le missioni coinvolgono migliaia di persone, ma gli astronauti sono il volto pubblico delle agenzie spaziali. Tengono conferenze, fanno visita alle scuole e usano i *social* per invogliare il pubblico ad apprendere nozioni sullo spazio.

MESTIERI SPAZIALI

La riuscita di una missione spaziale richiede un enorme lavoro di gruppo. L'industria aerospaziale ha migliaia di dipendenti, che cooperano per ampliare le frontiere dell'esplorazione dello spazio. Chi si entusiasma all'idea di progettare apparecchiature destinate allo spazio o di dare il via libera a un lancio per le condizioni atmosferiche favorevoli può valutare un impiego in tale settore. Vi sono moltissime attività affascinanti da scegliere, a seconda dei propri interessi. Allora, a parte gli astronauti, quali altre professioni sono richieste?

INGEGNERI ALL'OPERA

Gli ingegneri dell'industria aerospaziale costruiscono e collaudano le stazioni spaziali, i satelliti, le astronavi e tutti gli impianti e le apparecchiature per farli funzionare. Sono in grado di risolvere i problemi con creatività e si specializzano in vari settori, fra cui elettronica e scienza dei materiali.

20

Numero di tipi di ingegneri impiegati dalla NASA.

METEOROLOGIA

La ISS orbita in uno strato dell'atmosfera terrestre detto termosfera, dove le condizioni sono diverse rispetto al suolo e sono influenzate da fattori quali le radiazioni solari. Così, per la riuscita del lancio e dell'atterraggio, i meteorologi devono non solo prevedere con precisione il tempo sulla Terra, ma anche capire le condizioni atmosferiche in orbita. Per le previsioni usano i dati degli osservatori e le immagini satellitari.

CONTROLLO DEL VOLO SPAZIALE

Il personale dei centri di lancio e delle sale controllo sono in contatto continuo con gli equipaggi, rilevano i dati dei sensori collocati sulle astronavi e sulla stazione spaziale e seguono l'andamento delle missioni. Inoltre fungono da messaggeri, mettendo in contatto gli astronauti nello spazio con ingegneri e scienziati che lavorano dietro le quinte.

ASSISTENZA MEDICA

I viaggi spaziali sono impegnativi per l'organismo, e gli astronauti possono avere problemi di salute, specie per l'indebolimento di ossa e muscoli. Gli esperti mettono a punto esercizi fisici per mantenere in forze gli astronauti durante le lunghe missioni e in generale li aiutano a rimanere in salute.

SCIENZIATI IN AZIONE

Gli scienziati usano le proprie conoscenze e competenze per giungere a nuove scoperte. Predispongono esperimenti, aiutano gli astronauti a eseguirli nello spazio e studiano i risultati per risolvere problemi ed elaborare nuove tecnologie. Alcuni progettano apparecchiature che andranno nello spazio, e in qualche caso diventano a loro volta astronauti.

15

Tipi diversi di scienziati impiegati dalla NASA.

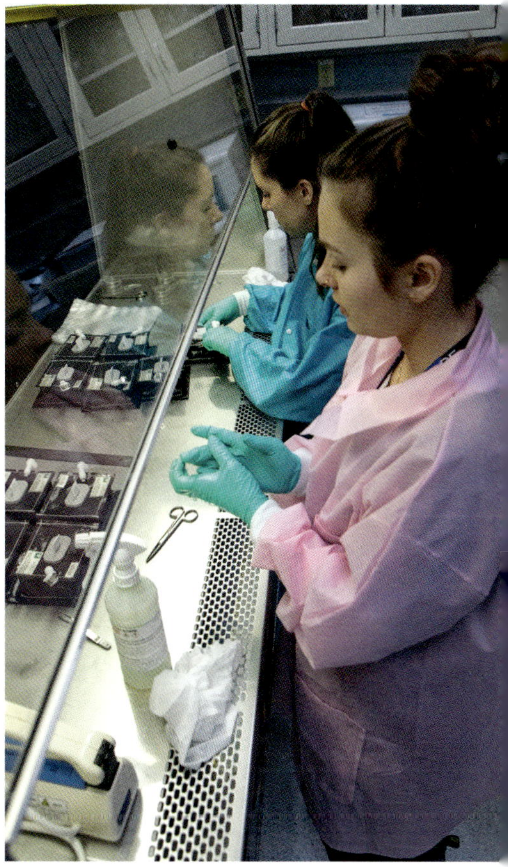

PUBBLICHE RELAZIONI

Data la curiosità che suscitano lo spazio e l'attività degli astronauti, le agenzie spaziali impiegano persone in grado di spiegare in dettaglio al pubblico i lanci dei razzi, le nuove missioni e le impegnative passeggiate spaziali. Il lavoro in questo settore richiede una conoscenza degli aspetti scientifici delle notizie e la capacità di spiegarli in maniera divertente e coinvolgente.

ALTRI LAVORI ATTRAENTI

▶ ELETTRICISTI

Tutte le attività nello spazio sono alimentate da elettricità. Per le agenzie spaziali lavorano elettricisti con un addestramento speciale, che progettano apparecchiature in grado di funzionare in un ambiente estremo.

▶ PIANIFICATORI

Sono le persone che prevedono le mansioni necessarie per conseguire gli obiettivi di una missione. Progettano le scadenze, pianificano l'addestramento dell'equipaggio e individuano i rischi che la missione comporta.

▶ ASTRONOMI

Sono gli scienziati che studiano i pianeti, le stelle e altri corpi celesti. Usano enormi telescopi sulla Terra e nello spazio per compiere scoperte in relazione all'universo.

PRATICA ANZITUTTO

La ISS e i veicoli spaziali che vi trasportano gli astronauti sono tra le macchine più complesse mai costruite. Prima di salire a bordo, gli astronauti devono impararne con esattezza il funzionamento, in modo da impartire i comandi giusti e reagire con sicurezza a eventuali problemi. Si addestrano sulla Terra in simulatori che riproducono con precisione e a grandezza naturale le astronavi e, prima di poter volare realmente, devono superare diverse prove.

▶ Nel simulatore

L'astronauta francese Thomas Pesquet si addestra per la missione in un simulatore della navicella *Sojuz*. Le complesse istruzioni scritte nel manuale che ha di fronte gli indicano come gestire i comandi. La *Sojuz* è tanto ingombra che gli astronauti spesso usano una "bacchetta" per premere i pulsanti fuori portata.

Controllo sullo schermo

Durante le sedute di addestramento nel simulatore gli astronauti sono sotto controllo continuo. Per una preparazione completa, gli ingegneri programmano il simulatore con guasti tecnici inattesi a cui, per superare la fase di addestramento, gli astronauti devono porre rimedio.

LO SAPEVI?

In vista della prima missione, gli astronauti si addestrano in simulatori per almeno 300 ore.

CENTRO DI ADDESTRAMENTO PER COSMONAUTI GAGARIN

Copia della *Sojuz*
Un simulatore della *Sojuz* è situato nel Centro di addestramento per cosmonauti Gagarin nella Città delle Stelle in Russia. Il Centro è un enorme complesso dedicato al volo spaziale e all'addestramento. La città ospita oltre 6.000 persone, molte delle quali lavorano al programma spaziale russo.

PROVE DI GRAVITÀ

Forse l'aspetto più sconcertante dei viaggi spaziali è la microgravità: diversamente dalla Terra dove rimangono al suolo, gli oggetti volano. L'attrazione della gravità terrestre sulla ISS è intensa quasi quanto sul pianeta: è per questo che la stazione rimane in orbita. Ma gli astronauti volano perché, assieme alla stazione in cui vivono, orbitando attorno alla Terra sono in caduta continua. Dato che non c'è un suolo a fermare la caduta, gli astronauti non percepiscono la gravità come noi sulla Terra, perciò volano. Ci vuole tempo per abituarsi, ma è utile l'addestramento sulla Terra.

▶ "Vomit comet"

Riprodurre la microgravità sulla Terra è difficilissimo. Il modo migliore è un volo parabolico, con un aereo che sale e scende ripetutamente a elevata velocità, facendo librare i passeggeri. Il volo parabolico viene definito "vomit comet" (cometa del vomito) perché spesso provoca nausea.

Su e giù

In un volo parabolico un aereo appositamente adattato sale ad alta quota e poi scende in picchiata, più o meno come un ottovolante. L'aereo non possiede sedili per i passeggeri e ha pareti imbottite per proteggerli contro gli urti. È comandato da 3 piloti.

AEREO ZERO-G

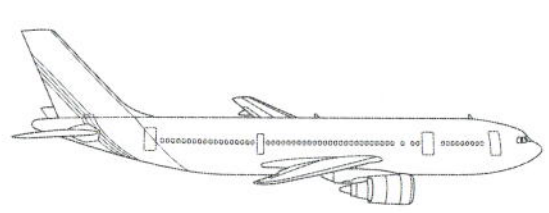

Salita
I piloti danno potenza ai motori per portare in quota l'aereo. Con l'accelerazione, gli astronauti si sentono pesanti il doppio rispetto a quando sono sulla Terra.

Parabola
Al vertice dalla salita i piloti rallentano l'aereo. Gli astronauti si librano per circa 25 secondi.

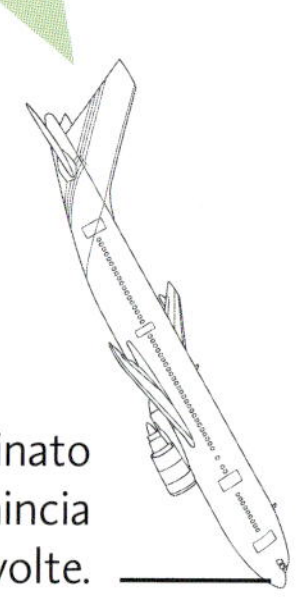

Quando l'aereo ha terminato la picchiata, il ciclo ricomincia e può essere ripetuto più volte.

Discesa
I piloti puntano l'aereo verso il basso e concludono la picchiata prima di perdere eccessivamente quota. Di nuovo gli astronauti si sentono pesanti il doppio.

Astronauti all'opera

I voli parabolici non sono solo un divertimento: offrono agli astronauti l'occasione di mettere in pratica attività necessarie nello spazio.

Padronanza di operazioni Operazioni di base, come collegare e scollegare gli attacchi di sicurezza, in assenza di peso possono essere difficili. Padroneggiarle durante il volo parabolico eviterà agli astronauti di volare via durante una passeggiata spaziale.

Pratica con utensili L'uso di un trapano durante il volo parabolico consente agli astronauti di fare pratica prima della missione. Nello spazio può essere arduo usare utensili elettrici, poiché in microgravità si comportano diversamente.

Ipergravità

Durante le missioni gli astronauti sono alle prese non soltanto con la microgravità, ma anche con l'ipergravità, quando la forza di gravità è maggiore rispetto alla superficie terrestre. Per prepararsi si addestrano con una centrifuga, un macchinario che ruota rapidamente, sottoponendo i soggetti a forze simili a quelle riscontrate durante il lancio e il rientro.

Centrifuga umana Un astronauta siede nella capsula all'estremità del braccio. Quest'ultimo ruota, generando una forza che spinge l'astronauta all'indietro contro il sedile.

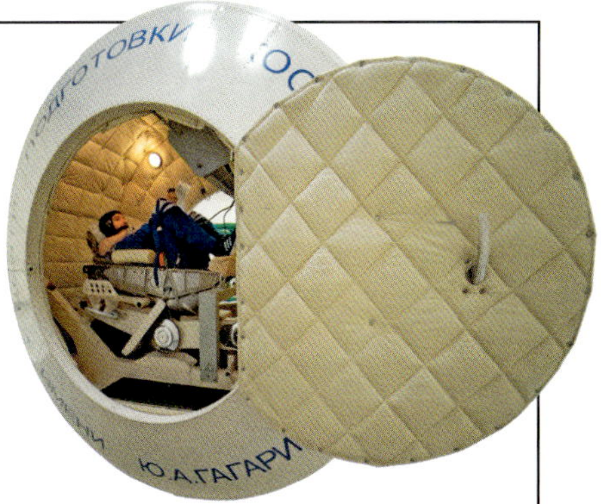

Ben allacciato L'interno della capsula ha schermi e comandi con cui l'astronauta può fare pratica mentre ruota ad alta velocità.

PROVE IN PISCINA

Durante una missione gli astronauti potrebbero compiere una passeggiata spaziale (v. pp. 118-121). Non è un compito facile, perciò è necessario fare pratica il più possibile sulla Terra. Poiché è impossibile riprodurre qui l'ambiente di microgravità della ISS, l'addestramento si svolge nella migliore alternativa: enormi piscine a "galleggiamento neutro", dove la sensazione di galleggiare in acqua è simile all'assenza di peso percepita dagli astronauti nello spazio.

▼ Imitazione sott'acqua

Il Laboratorio di galleggiamento neutro di Houston, Texas, è la più grande piscina degli Stati Uniti. Contiene acqua sufficiente a riempire 9 vasche olimpiche, ma non basta ugualmente a racchiudere una copia a grandezza naturale della ISS.

LO SAPEVI?

Un turno di addestramento in piscina può durare anche 7 ore.

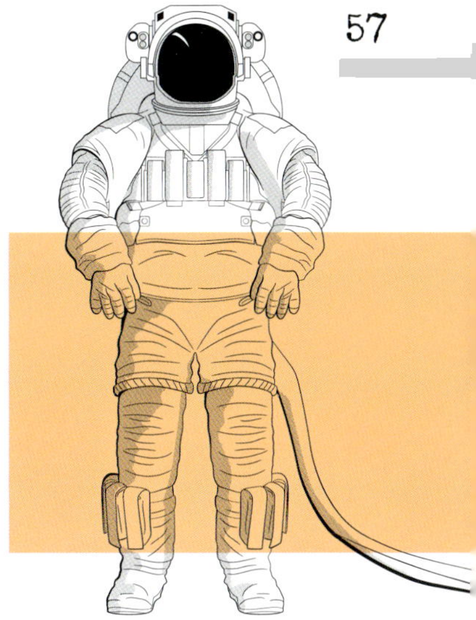

Tuta da indossare

Sulla Terra la tuta utilizzata per le passeggiate spaziali risulta molto più pesante che in orbita, e bisogna aiutare gli astronauti a entrarvi, come per l'italiano Luca Parmitano qui raffigurato. Indossare la tuta può richiedere anche tre quarti d'ora.

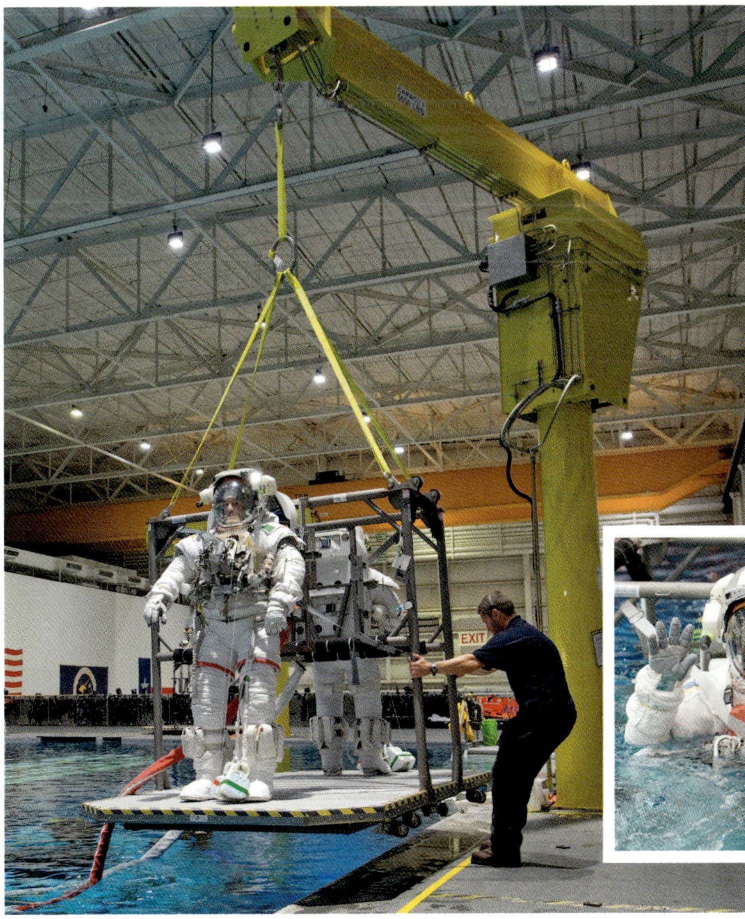

Peso notevole

Quando l'astronauta ha indossato la tuta, per sollevarlo con la piattaforma su cui si trova e immergerlo nell'acqua si usa una gru. Prima di staccare i cavi che lo legano alla piattaforma, i sommozzatori ausiliari verificano che l'astronauta sia in grado di galleggiare con sicurezza in acqua.

In acqua
Andreas Mogensen è stato il primo astronauta danese ad andare nello spazio. Per la missione del 2015 sulla ISS si è preparato facendo pratica sott'acqua in piscina.

ADDESTRAMENTO SUBACQUEO

L'addestramento sott'acqua consente agli astronauti di fare pratica nella gestione delle attrezzature di cui avranno bisogno durante la passeggiata spaziale. Nel difficile ambiente dello spazio, la microgravità e le temperature estreme possono rendere molto difficile adoperare certi utensili. Qui l'astronauta prima di stringere i bulloni ha fissato un cavo a un punto della copia della stazione spaziale, altrimenti il moto rotatorio dell'utensile avrebbe fatto ruotare anche l'astronauta! Inoltre, le prove sott'acqua consentono di abituarsi all'ingombrante tuta spaziale, che con il tempo può rivelarsi molto scomoda: i grossi guanti rendono faticose anche le operazioni più semplici.

Stretta sorveglianza

Varie telecamere trasmettono immagini in diretta delle attività svolte dagli astronauti in piscina. Alcuni esperti controllano gli schermi per valutare il loro rendimento nell'addestramento e anche per osservare il funzionamento di nuove attrezzature.

Soccorso

Una squadra di sommozzatori aiuta l'astronauta durante il turno di addestramento, svolgendo compiti pratici come spostarlo all'interno della piscina, poiché con la tuta spaziale non può nuotare. Soprattutto, i sommozzatori sono pronti a prestare soccorso immediato se l'astronauta in acqua si trova in difficoltà.

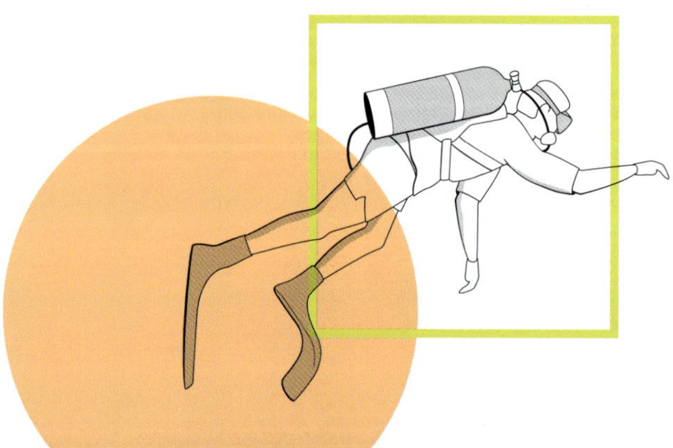

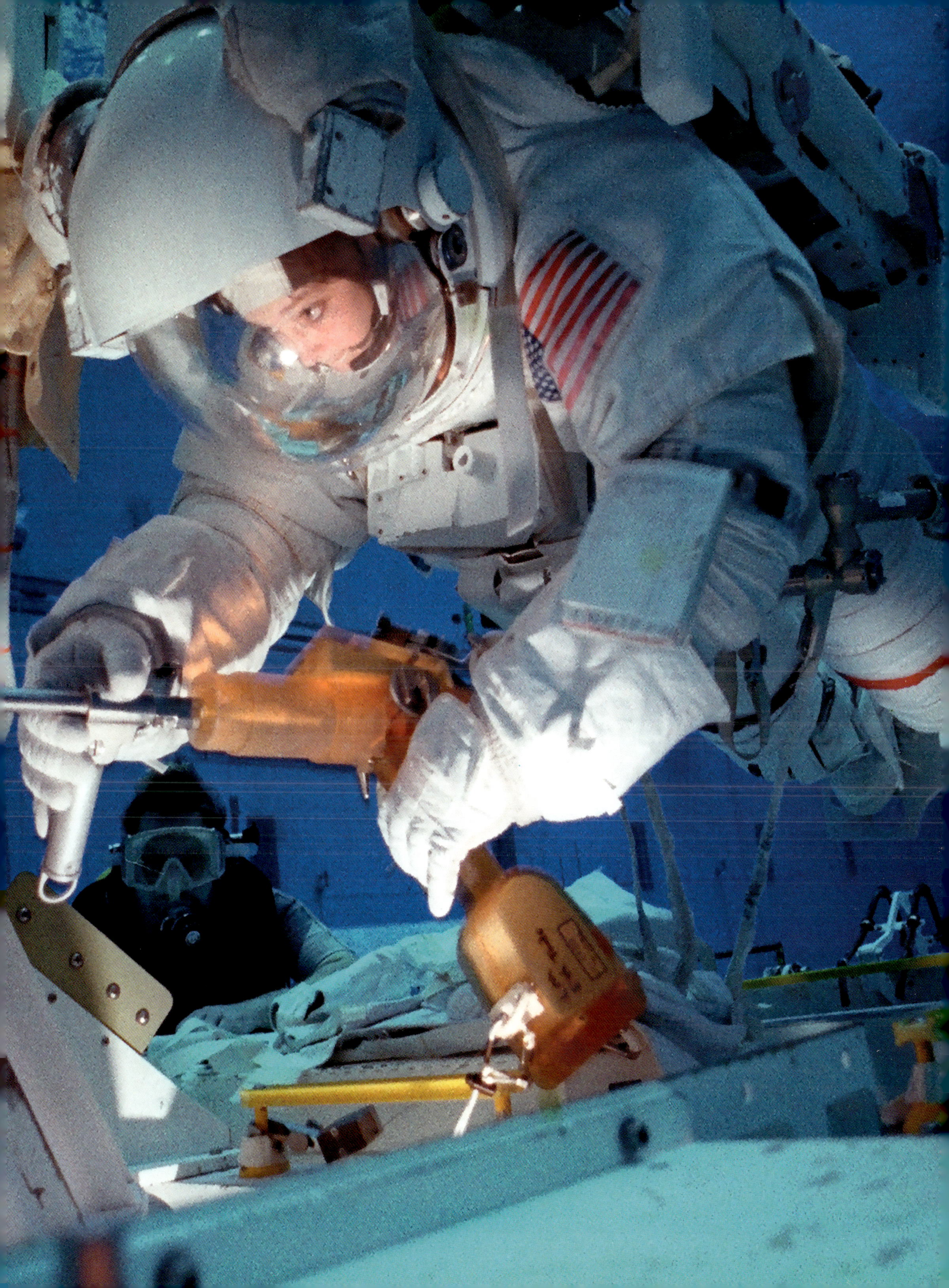

SCUOLA SPAZIALE

Fare l'astronauta è uno dei lavori più entusiasmanti del mondo, ma richiede grande impegno e addestramento: non si finisce mai di imparare. Chi viene selezionato dalla NASA deve sottoporsi a quasi 2 anni di addestramento seguendo lezioni in aula, provando le attrezzature e affrontando difficoltà sul campo, in modo da migliorare le capacità di risolvere problemi e di fare fronte a situazioni impegnative.

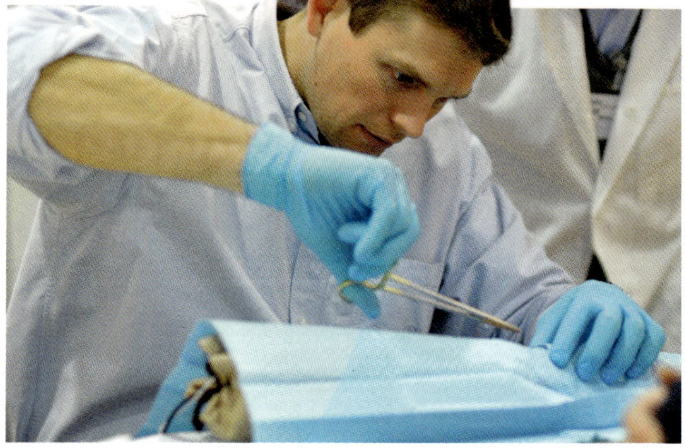

INTERVENTI SANITARI

Sulla stazione spaziale non sempre c'è un medico, perciò gli astronauti devono essere in grado di curare problemi di salute comuni come il mal d'aria o dolori vari. In addestramento imparano anche a praticare iniezioni e a eseguire interventi di pronto soccorso, come la sutura di ferite e il trattamento di ustioni.

IN GROTTA

L'addestramento in grotta può sembrare strano come preparazione per una missione sulla ISS, ma in realtà è un ottimo metodo per provare l'esperienza di trovarsi in uno spazio ristretto e imparare a cercare i compagni di squadra. Nel 2012, durante un'esercitazione in Sardegna, gli astronauti hanno scoperto un nuovo crostaceo che vive nelle grotte, *Alpioniscus sideralis*.

3 settimane

Durata del corso di addestramento per astronauti dell'ESA.

SOPRAVVIVENZA IN MARE

L'astronave *Dragon* di SpaceX è progettata per l'ammaraggio, e la russa *Sojuz* può scendere in mare se qualcosa va storto, perciò gli astronauti devono imparare a uscire sani e salvi dalla navicella e restare a galla e al caldo in attesa dei soccorsi.

24 km/h

Velocità della *Dragon* di SpaceX all'ammaraggio.

IN EQUILIBRIO

Molti astronauti, quando sono nello spazio per la prima volta provano capogiri, poiché il senso dell'equilibrio è alterato. Per adattarsi rapidamente, si preparano sulla Terra con sedie che ruotano velocissime e tavoli che si inclinano in ogni direzione, e abituarsi così alle sensazioni strane che proveranno.

I guanti tattili rilevano la posizione delle dita ed esercitano pressione sulle punte, così all'astronauta sembra di toccare l'oggetto che compare sullo schermo.

REALTÀ VIRTUALE

La realtà virtuale è un mondo artificiale realizzato dai computer. Consente agli astronauti di prendere dimestichezza con l'ambiente che affronteranno nello spazio senza doversi staccare dal suolo. Con un casco e guanti speciali, affrontano simulazioni in cui provano per esempio ad afferrare oggetti e a lavorare con utensili.

IN MEZZO AL BOSCO

Anche se gli scienziati sanno prevedere il punto approssimativo in cui scenderà la navicella, gli astronauti devono essere preparati ad atterrare lontano dall'obiettivo, eventualmente anche in una foresta o in un deserto. Perciò durante l'addestramento imparano a sopravvivere con solo ciò che hanno nello zaino.

ALTRE NECESSITÀ

▶ CONTRO L'IPOSSIA

Gli astronauti studiano l'ipossia, che si ha quando l'organismo non riceve ossigeno a sufficienza. Devono imparare a riconoscerne i sintomi, come la perdita della visione dei colori, e a reagire prima di perdere i sensi.

▶ ATTIVITÀ SCIENTIFICHE

Non tutti coloro che vogliono fare gli astronauti sono scienziati, perciò in addestramento si apprendono certe attività, per esempio come effettuare misurazioni.

▶ STUDI DI GEOLOGIA

Molti astronauti oggi studiano geologia (la scienza delle rocce) in preparazione di un viaggio sulla Luna e un domani forse perfino su Marte.

Cuffia
Durante il lancio gli astronauti portano una cuffia con 2 microfoni e 2 auricolari, casomai uno si guastasse. La cuffia consente loro di parlare con i colleghi e con la sala di controllo nonostante il rumore dell'astronave.

ABITI ADATTI

Ogni astronauta indossa una tuta spaziale durante i momenti più pericolosi della missione: lancio, attracco alla ISS, atterraggio. La tuta mantiene al sicuro l'astronauta in caso di emergenza, se per esempio dalla cabina viene risucchiata via l'aria (depressurizzazione). La tuta spaziale mantiene costante la pressione su tutto il corpo e fornisce ossigeno per la respirazione.

Si può ruotare la valvola blu posta sul petto per regolare la pressione all'interno della tuta.

I guanti sono staccabili.

Su ciascuna gamba vi sono 2 tasche portaoggetti.

▶ Tuta Sokol

Gli astronauti che viaggiano sulla russa *Sojuz* portano la tuta Sokol (in russo significa "falco"), la cui struttura non è cambiata molto dalla sua adozione negli anni '70.

Camera d'aria d'emergenza
Se la pressione dell'aria all'interno della tuta cala all'improvviso, per proteggere l'astronauta la camera d'aria della tuta Sokol si gonfia automaticamente come un palloncino. Senza questa camera d'aria, la depressurizzazione causerebbe la perdita di coscienza e la morte.

Al fresco

Quando si trasferiscono sull'astronave, gli astronauti portano con sé una cassetta. È un'unità portatile di ventilazione, che pompa aria fresca nella tuta Sokol. Senza tale strumento, non potrebbero tenere addosso la tuta per più di un'ora, poiché il calore corporeo non può uscire e il caldo risulterebbe eccessivo.

LO SAPEVI?

Camminando con la tuta Sokol, gli astronauti devono chinarsi leggermente, poiché è progettata per quando si sta seduti, non in piedi.

Perché la tuta si gonfi, la visiera deve rimanere chiusa. Qui è stata abbassata la copertura per proteggere la visiera.

Ricerca di buchi

Prima del lancio, gli astronauti controllano la tuta Sokol gonfiandola per cercare eventuali buchi. Se esce aria, vuol dire che c'è un buco. Per quanto piccolo, potrebbe essere disastroso in caso di emergenza, poiché la tuta dev'essere a completa tenuta d'aria.

Sedili su misura

Durante il lancio e il rientro nell'atmosfera terrestre gli astronauti subiscono scossoni. Per prevenire lesioni, i sedili sono conformati con precisione al loro corpo.

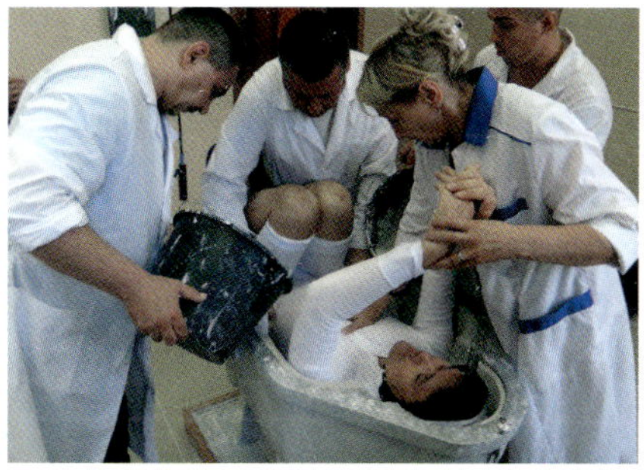

1 Si prendono le misure del corpo, poi l'astronauta viene inserito in un grande contenitore. Gli si versa tutto attorno un intonaco a presa rapida.

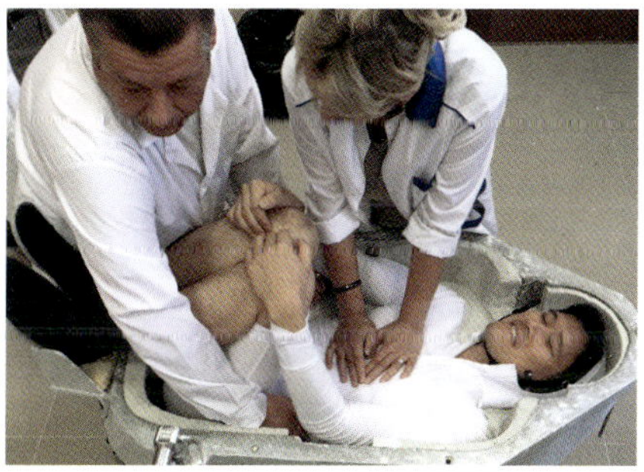

2 Gli ingegneri aiutano l'astronauta a rimanere fermo in posizione mentre l'intonaco fa presa. Poi si usa lo stampo per realizzare un sedile su misura.

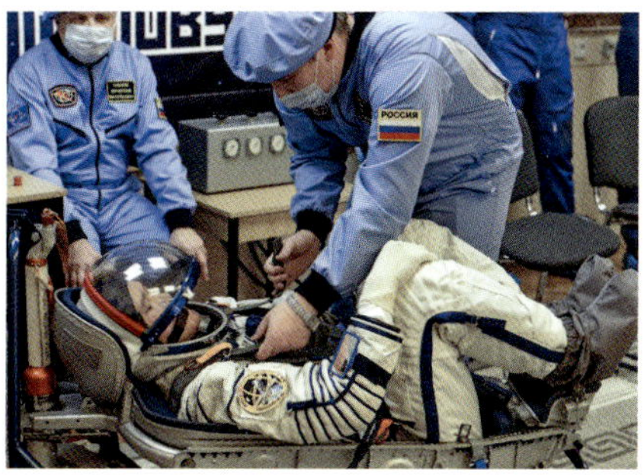

3 Quando il sedile è pronto, per accertarsi che sia comodo l'astronauta lo prova indossando la tuta Sokol.

NASA
MISSION CONTROL
T/L

SALA DI CONTROLLO

Dal lancio fino all'atterraggio, tutti i veicoli spaziali (con o senza equipaggio) sono sotto stretta sorveglianza da parte delle sale di controllo sulla Terra, che ospitano un gruppo di controllori di volo, ingegneri e personale ausiliario, guidati dal direttore di volo. In tutto il mondo le sale di controllo delle varie agenzie spaziali rilevano i dati, comunicano con gli equipaggi e guardano su schermi giganteschi le immagini in diretta 24 ore al giorno per accertarsi che astronauti, navicelle e satelliti siano al sicuro.

◀ Centro spaziale Johnson

La sala di controllo che ha la responsabilità della ISS è situata nel Centro spaziale Johnson della NASA a Houston, Texas. Il centro però è in contatto continuo con altre agenzie spaziali di vari Paesi per scambiarsi informazioni e pianificare attività per gli astronauti a bordo.

Altre sale di controllo

Tutte le agenzie spaziali hanno proprie sale di controllo, che gestiscono tutte le attività nonché gli esperimenti eseguiti nei rispettivi moduli sulla stazione spaziale.

Sala di controllo russa
In sigla russa CUP (TzUP), è situata a Korolëv, presso Mosca. Segue il volo e l'atterraggio dell'astronave *Sojuz* e controlla i 6 moduli russi della ISS.

Centro spaziale di Tsukuba
Situato presso Tokyo, è sede della sala di controllo da cui il personale segue il modulo giapponese *Kibo* della ISS e tutti gli esperimenti che vi vengono effettuati.

Agenzia spaziale tedesca (DLR)
Dalla sede di Colonia gestisce tutte le attività all'interno del modulo *Columbus* dell'Agenzia spaziale europea, il più grande modulo della ISS.

RITI PER IL LANCIO

Il volo spaziale umano non è privo di rischi, e gli astronauti sono superstiziosi. Negli anni trascorsi dall'avvio dei voli spaziali si sono sviluppate varie tradizioni, alcune anche piuttosto strane. Seguire le orme di astronauti precedenti che avevano compiuto gli stessi gesti può aiutare chi sta per partire a sentirsi partecipe della storia passata e più preparato al lancio imminente. I riti qui illustrati vengono intrapresi dagli astronauti che volano sulla russa *Sojuz* ma, con l'introduzione di altre astronavi in grado di trasportare equipaggi, all'elenco si aggiungeranno senza dubbio nuovi riti.

FIORI PER GAGARIN

Alla morte del cosmonauta russo Jurij Gagarin, primo uomo nello spazio, le sue ceneri furono collocate in un punto delle mura del Cremlino, enorme fortezza di Mosca. Da allora, nelle settimane precedenti il lancio, gli astronauti depongono garofani rossi sotto la targa che reca il suo nome.

BENEDIZIONE DEL RAZZO

Sulla rampa di lancio di Bajkonur, Kazakistan, un sacerdote benedice il razzo e gli astronauti. Questo rito ebbe inizio nel 1994, quando il cosmonauta russo Aleksandr Viktorenko chiese a un sacerdote di benedire l'equipaggio della *Sojuz TM-20* prima del volo verso la stazione spaziale Mir. Da allora, il rito si è ripetuto per ogni lancio.

Un sacerdote russo benedice con acqua santa il razzo e l'equipaggio.

FIRME SULLA PORTA

Il giorno del lancio, poco prima di lasciare il Cosmonaut Hotel, gli astronauti pongono la firma su una delle porte dell'albergo. L'americana Serena Auñón-Chancellor, qui raffigurata, nel 2018 ha seguito la tradizione prima di raggiungere la sua astronave.

ALBERI DA PIANTARE

Circa 2 settimane prima della missione, gli astronauti piantano un albero in un viale dietro il Cosmonaut Hotel di Bajkonur, Kazakistan. Qui l'astronauta giapponese Koichi Wakata (a sinistra) e l'americano Rick Mastracchio piantano un alberello.

1961

Anno in cui il cosmonauta Jurij Gagarin piantò il primo albero.

MASCOTTE PERSONALI

Spesso gli astronauti portano sulla navicella un pupazzetto come mascotte portafortuna. Inoltre, il giocattolo funge da indicatore di microgravità: quando comincia a volare in giro, gli astronauti capiscono di trovarsi in tale situazione.

CONFERENZA STAMPA

Astronauti e cosmonauti prima del lancio tengono una conferenza stampa finale. In tale occasione parlano a giornalisti di varie testate. In questa immagine l'equipaggio della Expedition 56 parla degli esperimenti previsti durante la missione e delle passeggiate spaziali che effettueranno.

ALTRI RITI

▶ BISTECCA E UOVA

Alcuni astronauti americani mangiano bistecca e uova, poiché questo fu il pasto di Alan Shepard, primo americano nello spazio, prima del lancio.

▶ FILM RUSSO

La sera prima del lancio l'equipaggio si riunisce per guardare un film russo, *Il bianco sole del deserto*. La tradizione risale alla *Sojuz 12* dei primi anni '70.

▶ PIPÌ SULLA RUOTA

Secondo la leggenda, il primo uomo nello spazio, il russo Jurij Gagarin, dovette fare pipì durante il trasferimento verso la rampa di lancio. Da allora gli astronauti maschi urinano sulla ruota del pullman di trasbordo, mentre alcune astronaute donne portano una fiala di urina da versare sulla ruota.

▼ La *Sojuz*

L'astronave *Sojuz* è alta 7 m e pesa quasi 7 ton, come 3 rinoceronti. Innalzarla nello spazio è compito del razzo *Sojuz*, alto quasi 50 m (a destra). La navicella si trova in alto sul razzo, sotto un'ogiva di protezione.

1 L'astronave e il razzo vengono costruiti in luoghi diversi, poi trasportati e montati al cosmodromo di Bajkonur, Kazakistan. Qui la navicella viene inserita nell'ogiva bianca che sarà collocata in cima al razzo *Sojuz*.

2 Il razzo *Sojuz* viene trasportato per ferrovia dall'aviorimessa alla rampa di lancio. La popolazione locale pone sulle rotaie delle monete, che vengono appiattite dalle ruote del treno, una tradizione che si ritiene porti fortuna.

3 ▶ Il razzo *Sojuz* viene sollevato verticalmente dalle gru, dopodiché ha luogo una verifica durante la quale il personale di terra controlla che tutti gli impianti elettrici e meccanici funzionino correttamente.

COSMODROMO DI BAJKONUR, KAZAKISTAN

È il più grande spazioporto del mondo ed è usato per il lancio di tutti i veicoli spaziali russi. Dalla sua inaugurazione nel 1957 sono stati effettuati oltre 400 lanci.

GIORNO DEL LANCIO

Dopo anni di addestramento e impegno intenso, quando la preparazione è completa, gli astronauti sono pronti a lasciare la Terra e a entrare in orbita. Introdotta nel 1966, da oltre 50 anni l'astronave russa *Sojuz* porta astronauti nello spazio. La *Sojuz* (in russo significa "unione") viene usata una volta sola, perciò per ogni viaggio spaziale se ne costruisce una nuova. Fra il 2011 e il 2020 è stata l'unica navicella al mondo a portare astronauti sulla ISS.

La *Sojuz* può ospitare solo 3 astronauti (v. pp. 136-137).

Pronti per partire

Gli astronauti arrivano al poligono di lancio più di 5 ore prima della partenza. Mentre gli ingegneri verificano il razzo, l'equipaggio si prepara indossando la tuta Sokol (v. pp. 62-63) e salutando famigliari e amici.

LAVORATORI PENDOLARI

Per raggiungere lo spazio, dalla partenza bastano appena 9 minuti. Quando il razzo comincia a salire, gli astronauti al suo interno lo sentono vibrare forte. Quindi, dopo un periodo che può andare da 3 ore a 2 giorni, attraccano alla ISS.

3... 2... 1... Via!

Due ore e mezza prima della partenza gli astronauti prendono posto, e 35 minuti dopo viene chiuso il portellone. I motori principali del razzo si accendono 29 secondi prima del lancio: i gas di scarico vengono espulsi verso il basso e spingono in alto il razzo.

Lancio verso lo spazio
Il razzo *Sojuz* a pieno carico, come questo lanciato da Bajkonur nel 2008, alla partenza pesa quanto 60 elefanti.

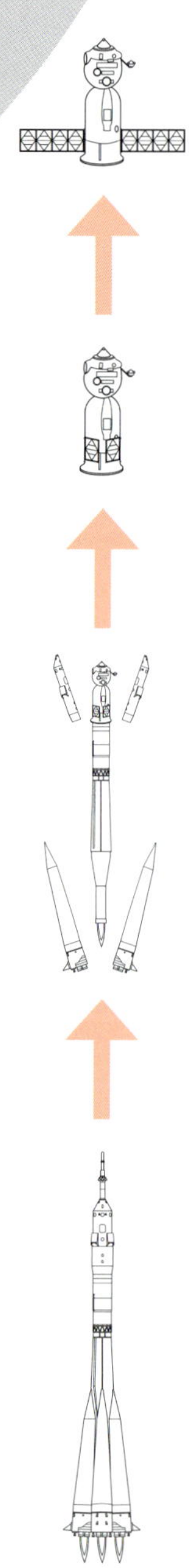

4 Volo orbitale
Circa 9 minuti dopo la partenza, l'astronave entra in orbita terrestre. Non appena raggiunge lo spazio, si aprono i pannelli solari.

3 Terzo stadio
Cinque minuti dopo la partenza, quando si è esaurito il propellente del secondo stadio, si avviano i motori del terzo.

2 Secondo stadio
Due minuti dopo la partenza si staccano la copertura protettiva superiore e i razzi ausiliari, che forniscono ulteriore potenza per il lancio. Si accendono i motori del secondo stadio.

1 Primo stadio
Il primo stadio si accende subito prima del lancio e ha propellente per 2 minuti.

Come funziona
Il razzo *Sojuz* è composto da 3 stadi, ciascuno con i propri motori. Quando uno stadio esaurisce il propellente, si stacca dal razzo, rendendolo più leggero nel percorso verso l'alto.

▲ Incontro a metà strada

Come la ISS, la *Sojuz* si muove velocissima, perciò durante l'attracco gli astronauti devono prestare grande attenzione. Il pilota a poco a poco fa corrispondere la velocità della *Sojuz* a quella della ISS, poi lentamente si avvicina finché la *Sojuz* può attraccare.

Parcheggiata
Dopo l'attracco alla stazione spaziale, la *Sojuz* viene lasciata parcheggiata finché l'equipaggio è pronto per tornare sulla Terra.

Saluto nello spazio

Il bussare alla porta è emozionante, e sulla stazione spaziale è raro ricevere visite. In questa immagine, il 28 marzo 2015 l'astronauta americano Scott Kelly (a destra) e il cosmonauta russo Michail Kornienko (a sinistra) emergono dalla *Sojuz* e vengono accolti a bordo della ISS dall'americano Terry Virts (in basso).

DRAGON CON EQUIPAGGIO

Fondata dal multimiliardario di origine sudafricana Elon Musk, SpaceX è un'azienda che progetta, costruisce e lancia razzi e astronavi. Nel 2012 è stata la prima ditta privata a inviare un veicolo da carico verso la stazione spaziale e nel 2020 la sua astronave parzialmente riutilizzabile *Dragon 2* ha iniziato a condurre equipaggi sulla ISS; può anche trasportare fino a 6 ton di carico.

Pronto per il lancio

Il razzo a 2 stadi lungo 70 m usato per il lancio della capsula *Dragon* è denominato *Falcon 9 Block 5*. I razzi *Falcon 9* di SpaceX prendono il nome da "Millennium Falcon", astronave dei film di *Guerre stellari*.

Tuta di SpaceX

In volo l'equipaggio indossa una tuta spaziale per protezione in caso di emergenza. Poiché gli astronauti non escono nello spazio, la tuta può essere relativamente leggera e flessibile.

▼ Tutti a bordo

Nell'aprile 2021 quattro astronauti sono saliti a bordo della *Dragon Endeavour* per la missione Crew-2 di SpaceX sulla ISS. Diversamente dall'interno ingombro di astronavi precedenti, la *Dragon* è relativamente spaziosa. Vi è perfino un'area toilette separata.

LC-39A

SpaceX lancia le missioni con equipaggio dal poligono LC-39A del Centro spaziale Kennedy, Florida, da dove partivano le missioni lunari *Apollo* e la navetta spaziale. I razzi vengono montati in un impianto di integrazione orizzontale situato nei pressi.

Ai comandi
Sebbene la *Dragon* si affidi perlopiù a comandi automatici, su ogni volo vi è un pilota perfettamente addestrato.

Dal lancio all'attracco

La capsula *Dragon* viene lanciata in un'ogiva protettiva in cima al razzo *Falcon 9*. Per raggiungere la stazione spaziale impiega circa un giorno.

1 Per lanciare la *Dragon* si accende lo stadio inferiore del razzo *Falcon 9*. Dopo 2 minuti il motore si spegne, si stacca dallo stadio superiore e ricade.

2 Lo stadio inferiore ritorna sulla Terra, usando il propellente residuo per posarsi verticalmente e poter essere riparato e riutilizzato.

3 Sospinta nello spazio dallo stadio superiore, la *Dragon* punta verso la ISS. Fa corrispondere la propria velocità a quella della stazione e attracca automaticamente.

TRASPORTO SPAZIALE

Fin dai primi giorni della ISS, per trasportare in sicurezza equipaggi e carichi fra la Terra e lo spazio le agenzie spaziali hanno avuto bisogno di veicoli affidabili. Le astronavi russe più affidabili non cambiano molto da decenni, mentre la messa fuori servizio della navetta spaziale (*space shuttle*) nel 2011 ha costretto gli Stati Uniti a progettare nuovi veicoli per sostituirla. Frattanto la Cina ha continuato a sviluppare i suoi trasporti spaziali a un ritmo più rapido di ogni altro Paese. Le vecchie astronavi qui raffigurate erano progettate per un unico utilizzo, ma i veicoli americani recenti, come *Dragon* e *Orion*, hanno moduli equipaggio riutilizzabili.

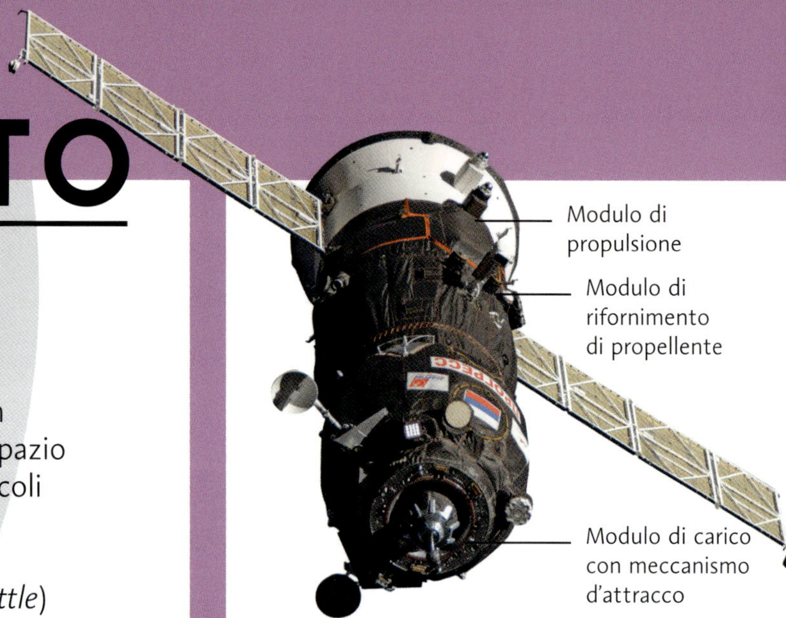

PROGRESS

Le navicelle russe *Progress*, considerate i treni merci della stazione spaziale, sono versioni senza pilota delle *Sojuz*. Dal 2000 compiono in media 3 o 4 viaggi l'anno verso la ISS.

1978

Anno in cui la navicella *Progress* compì il primo volo.

BOEING STARLINER

Costituita da una capsula equipaggio riutilizzabile e da un modulo di servizio monouso, l'americana *Starliner* trasporterà fino a 7 astronauti in orbita bassa o fino a 4 sulla ISS.

Atterraggio di prova
Per attutire l'atterraggio della capsula si gonfiano enormi airbag.

TIANZHOU

Lanciata nel 2017, la *Tianzhou* (Imbarcazione celeste) è un'astronave senza pilota che rifornisce la stazione spaziale cinese Tiangong. Essendo monouso, al ritorno brucia e si distrugge nell'atmosfera.

6.500

Chilogrammi di carico trasportabili dall'astronave *Tianzhou*.

CYGNUS

Progettata per il trasporto di carichi sulla ISS, la *Cygnus* senza pilota ha compiuto il primo volo nel 2013 ed è l'equivalente americano della *Progress*. Dopo avere rifornito la ISS, la *Cygnus* viene caricata di rifiuti da bruciare assieme alla navicella con il rientro nell'atmosfera.

SOJUZ

In uso dagli anni '60, la russa *Sojuz* è un veicolo spaziale monouso. Fra il 2011 e il 2020 è stata l'unica astronave in grado di trasportare equipaggi sulla ISS. Inoltre, dal 2000 alla ISS è sempre attraccata una *Sojuz*, da usare come "scialuppa di salvataggio" in caso di emergenza.

DRAGON DI SPACEX

In uso dal 2010 al 2020, l'astronave da carico parzialmente riutilizzabile *Dragon* è stata la prima di costruzione privata a tornare indenne dall'orbita. Poteva trasportare 3.300 kg. Nel 2020 è stata sostituita dalla *Dragon 2*, che ha due versioni, una da carico e una per equipaggi.

Attracco alla ISS
Il braccio Canadarm2 afferra la capsula *Dragon* e la aiuta ad attraccare alla ISS.

ALTRI VEICOLI

▶ KOUNOTORI

Lanciata nel 2009, questa astronave da carico monouso giapponese senza pilota ha compiuto 9 missioni sulla ISS, ma nel 2020 è stata posta fuori servizio.

▶ SHENZHOU

Basata sulla struttura della russa *Sojuz*, la cinese *Shenzhou* trasporta nello spazio carichi dal 1999 ed equipaggi dal 2003.

▶ ORION

È il veicolo per il futuro Space Launch System (SLS), il razzo più potente della NASA. Al lancio porterà fino a 4 astronauti nello spazio, più lontano di quanto nessuno sia mai andato finora.

MANSIONI DIETRO LE QUINTE

DIRETTORE DI VOLO

Sulla Terra è definito direttore di volo il responsabile della gestione della stazione spaziale e dei gruppi che ci lavorano. L'incarico comporta varie mansioni, tra cui tenere costantemente sotto controllo la missione e avere l'ultima parola nelle decisioni da prendere. Quando emerge un problema, è compito del direttore di volo decidere rapidamente in base alle informazioni, con il contributo di tutti, per proteggere gli astronauti e anche la stazione spaziale.

Sullo schermo

Il direttore riceve rapporti regolari dai controllori di volo che rilevano i dati provenienti dalla stazione spaziale. I controllori di volo lavorano a turno giorno e notte, festivi compresi, per individuare problemi e rispondere a interrogativi.

Altre mansioni in sala di controllo

Gestire la ISS è un compito complesso, e il direttore non può fare tutto da solo. Alla sicurezza della stazione opera un vasto gruppo di persone, con capacità e competenze differenti. Per esempio, i medici si occupano della salute fisica e mentale dell'equipaggio, gli esperti di navigazione seguono la traiettoria della stazione, gli addetti alla robotica controllano il braccio meccanico della stazione.

Comunicazioni
L'addetto alle comunicazioni con la capsula è una delle pochissime a parlare direttamente con gli astronauti. È un ruolo di solito assunto da un altro astronauta.

Controllo di volo
In sala di controllo lavorano una dozzina di controllori, ciascuno dei quali ha un ruolo specifico, come la supervisione dell'attracco o il coordinamento delle passeggiate spaziali.

Relazioni pubbliche
Questa persona è il volto pubblico della ISS. Presenta resoconti emozionanti dei lanci e delle attività sulla ISS e fornisce notizie aggiornate provenienti dallo spazio.

Ci vuole un po' per abituarsi a vivere sulla stazione spaziale. Al primo arrivo gli astronauti sono un po' impacciati; per imparare a spostarsi in microgravità serve una certa pratica. Una volta sistematisi, seguono un rigido programma quotidiano, con una serie di compiti stabiliti dalla sala di controllo: dal mantenere pulita e ordinata la stazione al praticare esercizio fisico 2 ore al giorno per preservare la forza di muscoli, cuore e ossa. La vita a bordo della stazione spaziale è intensa, ma vi sono anche momenti tranquilli per ammirare il panorama spettacolare. Di sera, l'ora di cena è l'occasione per rilassarsi in compagnia e provare l'esperienza straordinaria di mangiare prima che il cibo voli via!

4 VITA A BORDO

LO SAPEVI?

Tutte le scritte sulle pareti della ISS sono rivolte nella stessa direzione, così si sa da che parte sia l'alto.

DA CHE PARTE È L'ALTO?

Dopo il viaggio verso lo spazio in una capsula ristretta, gli astronauti percepiscono in pieno l'effetto della microgravità solo quando salgono a bordo della ISS. Tutto ciò che non è fissato vola qua e là, perfino gli stessi astronauti. È un'esperienza disorientante, che all'inizio provoca capogiri o nausee. Dopo qualche giorno, però, si supera questa "sindrome di adattamento allo spazio" e si apprendono vantaggi e svantaggi della vita in orbita.

◀ Su o giù?

La stazione spaziale deve contenere molte cose, ma non essendoci differenza tra pavimento, parete e soffitto ogni superficie è coperta di attrezzature. Le etichette consentono agli astronauti di orientarsi e di individuare ciò che cercano.

Piccole operazioni, grande fatica

Gli astronauti spesso fanno fatica a eseguire operazioni semplici evitando che gli oggetti volino via. Per questo vi sono fermapiedi, cinghie e molto Velcro per tenere fermi gli astronauti e le attrezzature.

Nello spazio sono essenziali tasche e Velcro per evitare che gli oggetti volino via; gli astronauti spesso indossano pantaloni o bermuda provvisti di pezzi di Velcro.

Gli astronauti si tengono fermi infilando i piedi sotto apposite barre.

ASSAGGIO

Gli astronauti dicono spesso che il senso del gusto cambia nello spazio e che può essere arduo mangiare in microgravità. In passato i viaggi spaziali duravano pochi giorni, perciò il cibo non aveva grande importanza. Oggi, con missioni che durano mesi, gli alimenti gustosi sono essenziali per far sì che gli astronauti siano contenti, sani e in grado di lavorare. Prima della missione, collaborano con gli alimentaristi per decidere quali pietanze portare con sé.

Punteggio
Gli astronauti assegnano un punteggio alle pietanze in base a vari fattori, tra cui sapore, consistenza, aspetto e aroma.

LO SAPEVI?

Fu il cosmonauta russo Jurij Gagarin a consumare i primi cibi nello spazio: caviale e paté.

Preparazione dei piatti per la festa

Dal 2006 il famoso chef francese Alain Ducasse fornisce agli astronauti europei piatti speciali adatti ai festeggiamenti in orbita. Come i normali pasti sulla ISS, anche questi devono durare a lungo ed essere adatti al consumo nello spazio.

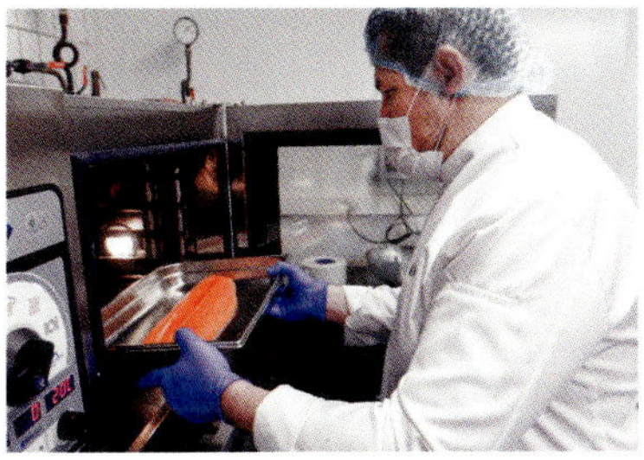

1 Nel maneggiare gli alimenti, i collaboratori di Ducasse curano l'igiene indossando mascherine, guanti e cuffie.

2 I cibi cotti vengono inseriti in barattoli e, prima di chiudere ermeticamente i coperchi, si aggiungono i sughi.

3 Si espongono a radiazioni i barattoli chiusi per uccidere i batteri nocivi e ridurre il rischio di mal di pancia nello spazio.

4 Dopo confezionamento e pulizia, i barattoli sono pronti per essere portati al poligono di lancio.

▲ Prima del volo

Molti astronauti in procinto di visitare la ISS si recano al Laboratorio di alimenti per lo spazio della NASA, a Houston, per provare varie pietanze e scegliere quelle preferite per la missione. Sulla ISS alcuni cibi sono vietati, per esempio pane e patatine, perché provocano briciole.

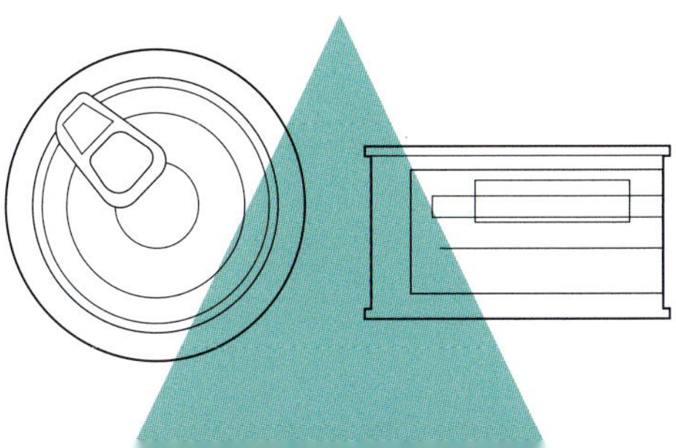

Tubetto, cubetti o polvere?

Negli anni '60 gli astronauti del progetto Mercury della NASA avevano pietanze come zuppa di funghi, pollo in umido e manzo con verdure, nonché pere e fragole. Venivano servite in modo poco appetitoso sotto forma di crema in tubetto, a cubetti o in polvere.

▶ Tavola apparecchiata

La ISS ha due zone cucina, dette cambuse, una nel modulo russo *Zvezda* e una nel modulo americano *Unity*. Quest'ultima ha un tavolo da pranzo adattato. È difficile mangiare quando tutto vola via, perciò il tavolo ha strisce di Velcro con cui tenere fermi pacchetti, bottiglie e posate.

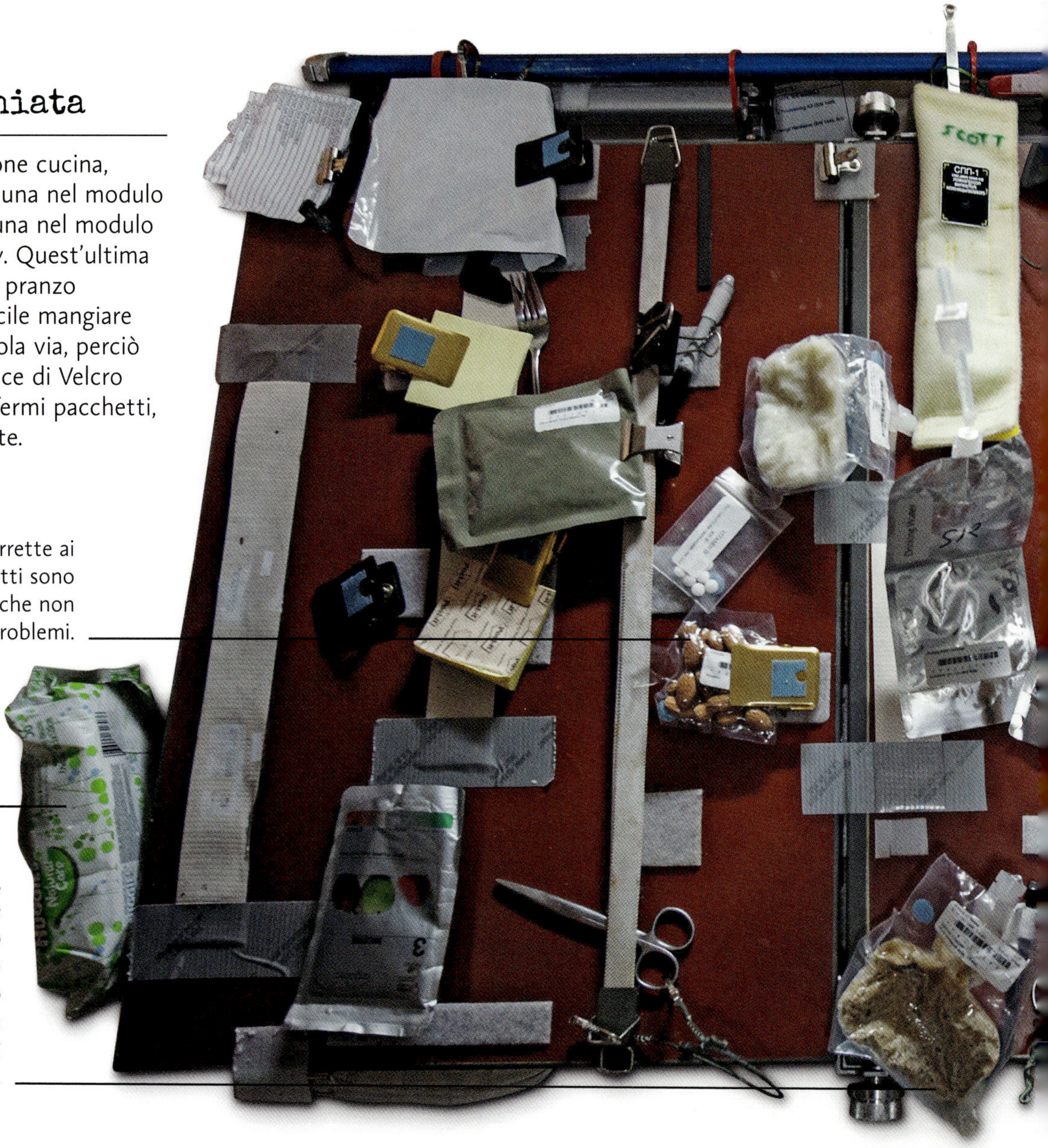

Frutta secca, barrette ai cereali e biscotti sono alimenti pronti che non creano problemi.

Le salviette antibatteriche consentono di pulire se si spande qualcosa.

Alcune pietanze, fra cui minestre e uova, sono confezionate in sacche sotto vuoto, senza aria né acqua, così durano più a lungo.

CHE C'È PER CENA?

I pasti nello spazio sono piuttosto diversi da quelli sulla Terra. In microgravità, se non vengono trattenuti, i cibi volano via e non si può bere da un bicchiere: il liquido non si versa come avviene sulla Terra. Durante le missioni lunghe il cibo svolge un ruolo importante nel far sì che gli astronauti siano contenti e sani. Scienziati e ingegneri hanno escogitato metodi ingegnosi per rendere il più possibile gradevole mangiare e bere nello spazio.

SENSAZIONALE

Festa con la pizza
Nel 2001 la catena di ristoranti americana Pizza Hut predispose una consegna di pizze fuori dal mondo, per la ISS. Il russo Jurij Usačev fu immortalato mentre ne gustava un trancio.

I condimenti speziati sono conservati in bottigliette.

Per aprire le confezioni di cibo si usano le forbici.

Bere nello spazio

Gli astronauti bevono da sacche con cannucce anziché da bicchieri. Le sacche hanno un tappo a vite, simile a quello dei tubetti di dentifricio, che si chiude per evitare la fuoriuscita del liquido.

Preparazione del cibo

Alcune pietanze per lo spazio, come i maccheroni al formaggio, sono disidratate. Gli astronauti collegano all'impianto di idratazione della cambusa la sacca contenente cibi o bevande e la riempiono di acqua calda o fredda. Molti alimenti, come prosciutto o pollo, vengono resi termostabili, ossia riscaldati in modo da distruggere i microrganismi nocivi, poi chiusi in confezioni sotto vuoto. Prima di consumarle, gli astronauti scaldano queste pietanze in un apposito forno.

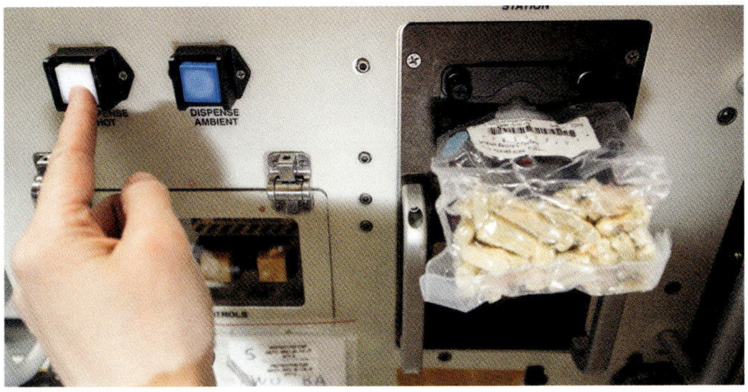

Cosa piace agli astronauti

In microgravità i fluidi organici si accumulano nella parte superiore del corpo, compresa la testa. In tal modo il senso del gusto si attenua, perciò le pietanze preferite di solito hanno un forte sapore speziato.

Cocktail di scampi
Fin dai primi viaggi nello spazio, il condimento invitante ha reso questa pietanza di mare una delle predilette dagli astronauti.

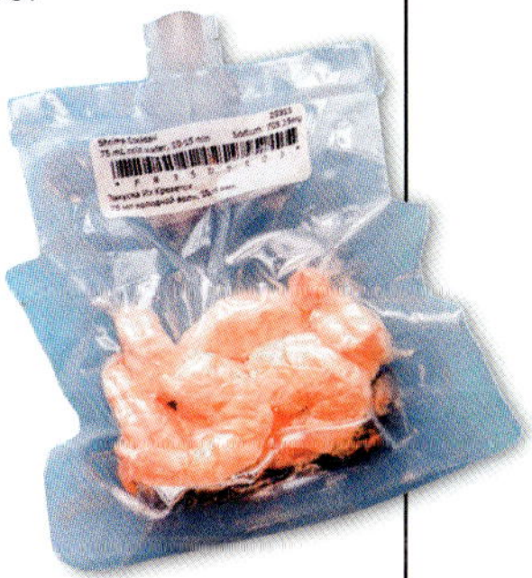

Tortilla spaziale
Nello spazio non si può mangiare pane perché le briciole si infilerebbero negli impianti della stazione. La tortilla costituisce un'ottima alternativa, e i sughi aiutano a tenere uniti gli altri ingredienti.

Spaghetti ramen
La versione per microgravità di questa pietanza speziata è prediletta sulla ISS dal 2005, quando l'astronauta giapponese Soichi Noguchi la portò con sé.

CIBI DA PROVARE

Il 1° ottobre 2019 l'equipaggio della Expedition 60 si è riunito nel modulo *Zvezda* per festeggiare con un pasto in comune l'arrivo di nuovi membri dell'equipaggio: l'astronauta americana Jessica Meir, il cosmonauta russo Oleg Skripočka e l'astronauta degli Emirati Arabi Hazza Al-Mansouri. Mangiare assieme è un'ottima occasione per fraternizzare e rilassarsi dopo una giornata di intenso lavoro. È anche l'occasione per condividere pietanze dei Paesi d'origine e assaggiare quelle degli altri. Alla stazione spaziale arrivano astronauti da tutto il mondo e, sebbene i cibi siano forniti in gran parte dalla NASA e dall'agenzia russa Roscosmos, anche altre agenzie spaziali mandano le loro prelibatezze nazionali.

Ampliamento del menu

Nel 2009, quando l'astronauta Koichi Wakata fu il primo giapponese a risiedere nella stazione spaziale, arrivò con 28 nuove pietanze preparate dall'agenzia spaziale giapponese JAXA. In tal modo, il menu sulla ISS si ampliò fino a un totale di circa 200 opzioni.

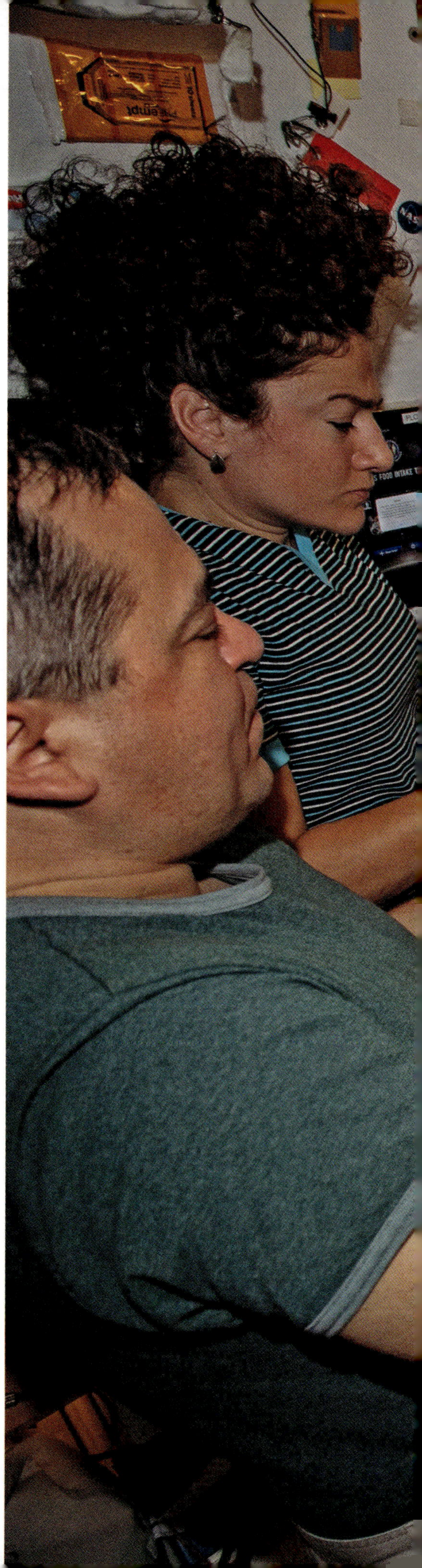

Ocean Spray
Craisins
Wasabi Peas

NUOVI ARRIVI

Dagli astronauti alle apparecchiature, fino a cibo e acqua, tutto ciò che serve per la vita nello spazio dev'essere inviato dalla Terra. Per rifornire la stazione, varie agenzie spaziali lanciano regolarmente veicoli automatici, alcuni dei quali tornano sulla Terra per essere riutilizzati, mentre altri, dopo aver effettuato le consegne, bruciano e si distruggono nell'atmosfera terrestre.

LO SAPEVI?

Una *Kounotori* può trasportare un carico equivalente al peso di un grosso elefante.

Trasporto del carico

La ISS è rifornita da vari veicoli spaziali, tra cui la giapponese *Kounotori* (che significa "cicogna"). Questa astronave automatica è lunga poco meno di 10 m.

1 Gli oggetti da usare a bordo della stazione vengono imballati in contenitori leggeri, accatastati su pallet e caricati nella *Kounotori*.

La *Kounotori* ha anche un vano di carico esterno, che può essere svuotato dal Canadarm2.

2 Un razzo H-IIB con la *Kounotori* in cima viene lanciato dal poligono di Tanageshima, Giappone meridionale.

3 Gli astronauti nella stazione osservano la *Kounotori* che si avvicina e si dispone in un'orbita prossima a quella della ISS.

4 L'equipaggio usa il braccio robotico Canadarm2 per catturare la *Kounotori* e guidarla al punto di attracco sul modulo *Harmony*.

5 La *Kounotori* viene svuotata, poi riempita di rifiuti, quindi rispedita verso la Terra. Rientrando nell'atmosfera, il veicolo brucia e si distrugge.

◀ Bontà succose

Frutta e verdura fresche in una consegna sono molto gradite dagli astronauti lontano da casa. Dato lo spazio limitato per conservare al fresco i cibi, frutta e verdura hanno durata breve, ma finché ci sono offrono una certa varietà per i pasti. A bordo giungono anche dolci e altre bontà: qualche volta perfino un gelato ben confezionato.

SENSAZIONALE

Nel 2015 i rifornimenti per la stazione sono sembrati in pericolo quando sia un modulo *Progress* che un *Dragon* da carico di SpaceX (sotto) hanno avuto guasti durante il viaggio verso la ISS in aprile e giugno. La crisi è stata evitata con missioni riuscite di *Kounotori* e *Progress* nello stesso anno.

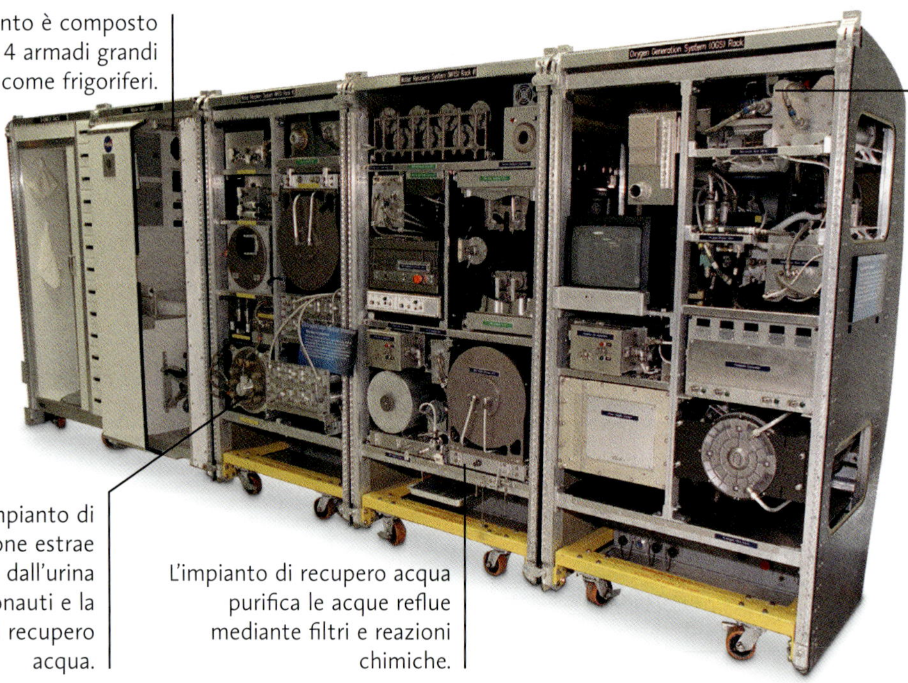

Sopravvivenza

Gli impianti come il Sistema di controllo ambientale e sopravvivenza del modulo *Tranquility* offrono all'equipaggio aria e acqua pulite e riciclano l'urina.

PULIZIE A BORDO

È facile che la stazione spaziale cominci ad apparire piuttosto in disordine o perfino sporca: in microgravità, gli oggetti non rimangono dove devono stare e i microrganismi portati dalla Terra dagli astronauti in visita in assenza di peso possono arrivare ovunque. Per far sì che la stazione rimanga un luogo piacevole in cui vivere, gli astronauti programmano ogni settimana alcune ore in cui dare una bella ripulita alla loro residenza.

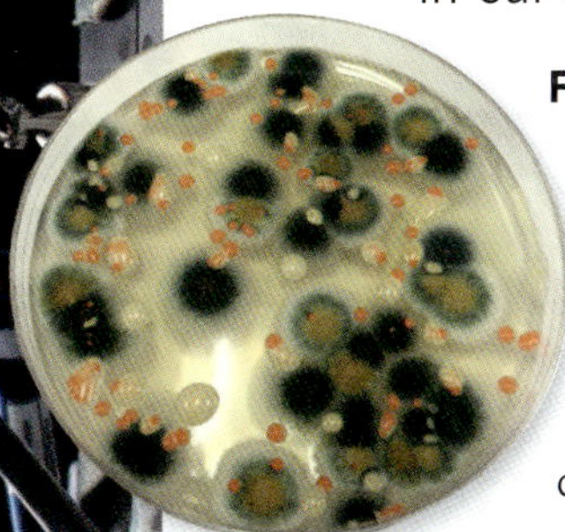

Fuori controllo
Questa capsula con campioni di funghi provenienti dalla ISS dimostra ciò che avviene se i microrganismi non vengono tenuti sotto controllo. Alcuni potrebbero anche costituire un rischio per la salute degli astronauti a bordo. I microbi che vivono in un dato luogo vengono definiti collettivamente microbioma; quello della ISS presenta 55 varietà di microrganismi.

◀ Giornata di pulizie

A bordo si possono trovare microbi dappertutto: in bollicine di bevande vaganti, briciole di cibo, goccioline emesse con colpi di tosse e starnuti. Qui l'astronauta americano Jack Fisher pulisce con cura la cupola con salviette antibatteriche per evitare che si raccolgano microbi sui componenti.

Lavori domestici

Ogni sabato l'equipaggio dà una bella ripulita alla stazione spaziale. Viene passato l'aspirapolvere in tutti i moduli principali e si puliscono con salviette disinfettanti tutte le superfici. Gli astronauti si alternano nella pulizia dei moduli più difficili, come le aree per i pasti e per l'esercizio fisico.

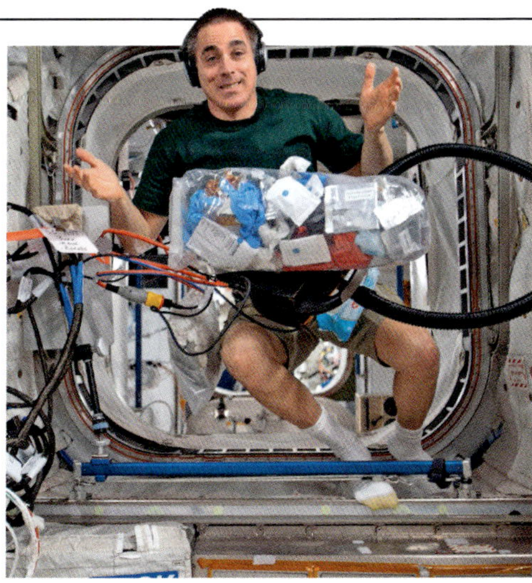

Via la spazzatura
I rifiuti vengono inseriti in borse e sistemati in un'astronave da carico, che si distruggerà bruciando nell'atmosfera terrestre.

Aspirapolvere
Si usa l'aspirapolvere della stazione per pulire i filtri dell'aria in cui tendono a raccogliersi polvere e sporcizia.

LO SAPEVI?

Per mantenere il ritmo giorno-notte, alcuni astronauti prendono integratori a base di melatonina, ormone che favorisce il sonno.

ALBA

Compiendo un'orbita attorno alla Terra ogni 93 minuti, durante ogni giorno terrestre la stazione spaziale vede 16 albe e 16 tramonti. È uno spettacolo, ma il ripetuto sorgere del Sole nella stessa giornata sconvolge il ritmo di sonno degli astronauti. Per fortuna la quantità di luce solare che entra nella stazione dalle finestre è limitata, perciò per gestire la giornata dell'equipaggio si usa l'illuminazione artificiale.

Panorama mattutino
L'astronauta americano Terry Virts osserva il sorgere del Sole dalla cupola. Il rivestimento delle finestre trattiene i nocivi ultravioletti, ma il bagliore del Sole può essere ugualmente intenso e i membri dell'equipaggio spesso portano occhiali da sole.

Il tempo vola

Il turbamento dei ritmi quotidiani influenza la capacità di valutare i periodi di tempo. Un alterato senso del tempo può essere un problema sulla stazione spaziale, dove gli astronauti seguono un programma rigido che suddivide la giornata in segmenti di 5 minuti. Con un casco per realtà virtuale, l'americano Victor Glover sperimenta come la vita in orbita influisca sulla percezione del tempo e sulla velocità di reazione.

◀ Temperature estreme

In ogni ciclo giorno-notte la stazione spaziale subisce escursioni termiche enormi, poiché prima è sottoposta a un calore intenso, poi sprofonda in un'oscurità gelida. Vari strati di isolamento riflettente schermano i cocenti raggi solari mentre, per trasferire nello spazio il calore in eccesso della stazione, si usano radiatori riempiti di ammoniaca (i rettangoli bianchi qui raffigurati).

LA CUPOLA

Dal suo arrivo nel 2010, la cupola della stazione spaziale costituisce una spettacolare aggiunta alla ISS. Montata sul lato rivolto verso la Terra (nadir) del modulo *Tranquility*, con la sua forma a bolla esagonale e le grandi finestre offre agli astronauti splendidi panorami della Terra, nonché la vista sull'esterno della stazione e sulle astronavi in arrivo.

Le imposte vengono aperte e chiuse facilmente dall'interno della cupola.

▶ Panorama da ammirare

La cupola ha 6 finestre laterali e una superiore con un diametro di 80 cm. I membri dell'equipaggio la usano per fotografare la Terra, condurre esperimenti e controllare le astronavi in arrivo durante l'attracco. Inoltre, vi è un quadro di comando per il braccio robotico Canadarm2, osservabile dalle finestre.

LO SAPEVI?

Il termine italiano *cupola* viene usato anche in inglese, di solito per indicare la struttura circolare che copre una chiesa.

Dentro la cupola

Questo modulo è diventato un luogo prediletto dagli astronauti per rilassarsi e riconnettersi con la Terra. I vari monitor, i comandi e i cavi sotto le finestre rivelano però che la cupola riveste un ruolo importante anche per le attività della stazione.

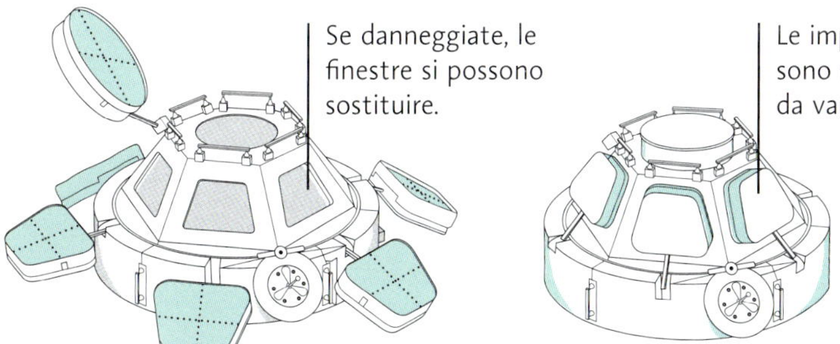

Se danneggiate, le finestre si possono sostituire.

Le imposte sono formate da vari strati.

APERTE **CHIUSE**

Aperte o chiuse?

Quando la cupola non è in uso, per proteggere le finestre contro i detriti spaziali le imposte vengono tenute chiuse. In tal modo offrono anche protezione contro i raggi cosmici e mantengono costante la temperatura della stazione, evitando il surriscaldamento sotto la luce solare diretta o la perdita di calore nel vuoto dello spazio durante l'oscurità.

Ogni finestra si compone di 4 strati di vetro "blindato" per limitare i danni causati da micrometeoriti o detriti spaziali in volo.

Ogni imposta è comandata separatamente.

Momenti fotografici

Gli astronauti imparano a usare le fotocamere durante l'addestramento, e per molti nel periodo trascorso sulla stazione spaziale la fotografia diventa un passatempo prediletto. Da quel punto di osservazione straordinario, gli astronauti offrono agli scienziati immagini utili di fenomeni in rapido mutamento, come uragani ed eruzioni vulcaniche.

▶ La Terra vista dallo spazio

La quota della stazione spaziale consente un'osservazione della Terra molto più ravvicinata rispetto ai satelliti collocati in orbite più elevate. Con fotocamere portatili e attrezzature automatiche, l'equipaggio può scattare foto che rivelano le bellezze del pianeta. Questa immagine dell'Egitto, per esempio, mostra la striscia scura della valle del Nilo (a sinistra) circondata da deserto, nonché nubi sul Mediterraneo.

SCATTI SPAZIALI

A circa 400 km di quota, la stazione spaziale costituisce un fantastico punto di osservazione. Il panorama dall'orbita non offre soltanto vantaggi scientifici per lo studio della Terra. Chi è stato nello spazio di solito racconta che vedere il mondo in questo modo induce a rendersi conto della fragilità del nostro straordinario pianeta e dell'isolamento nello spazio, un fenomeno definito "effetto panorama".

Sfumature di verde

L'astronauta francese Thomas Pesquet ha scattato questa foto della regione dell'Aube, Francia nordorientale. Rivela come dall'orbita si notino chiaramente le attività umane come l'agricoltura. Il territorio è un mosaico di campi di grano, vigneti e boschi.

LO SAPEVI?

Gli astronauti dallo spazio vedono i contorni delle città ma non i singoli edifici.

Fiume rosso

Questa immagine offre un nuovo punto di vista su un disastro ambientale in corso. Il fiume Betsiboka, in Madagascar, è rosso perché raccoglie limo dall'ambiente circostante, dove l'abbattimento delle foreste ha eroso il suolo.

Luci della città

Gli astronauti della ISS possono apprezzare anche spettacolari panorami notturni. Malgrado il buio circostante, le grandi città come Shanghai, in Cina, qui raffigurata, grazie all'illuminazione stradale sono chiaramente visibili dallo spazio.

GIOCO DI LUCI

Dall'alto sopra la Terra gli astronauti hanno la fortuna di vedere fenomeni sensazionali della natura, fra cui gli spettacolari giochi di luce delle aurore polari. Queste figure colorate di solito compaiono a elevate latitudini attorno ai poli magnetici nord e sud della Terra e sembrano tremolanti cortine di luce che danzano ai margini dell'atmosfera.

▶ Aurora brillante

L'energia del Sole entra nel campo magnetico terrestre, dove si accumula finché viene emessa in maniera esplosiva, sospingendo verso i poli magnetici del pianeta le particelle, che poi si scontrano con atomi di gas dell'alta atmosfera. Tali interazioni provocano l'emissione di lampi di luce, che noi vediamo sotto forma di aurore polari.

Eclisse di Sole

Dallo spazio gli astronauti hanno anche una vista straordinaria su fenomeni rari come le eclissi di Sole, che avvengono quando Sole, Terra e Luna si allineano in modo tale per cui la Luna occulta la luce solare, proiettando un'ombra sulla superficie terrestre. Se il Sole è nascosto solo in parte si tratta di eclisse parziale, altrimenti è un'eclisse totale.

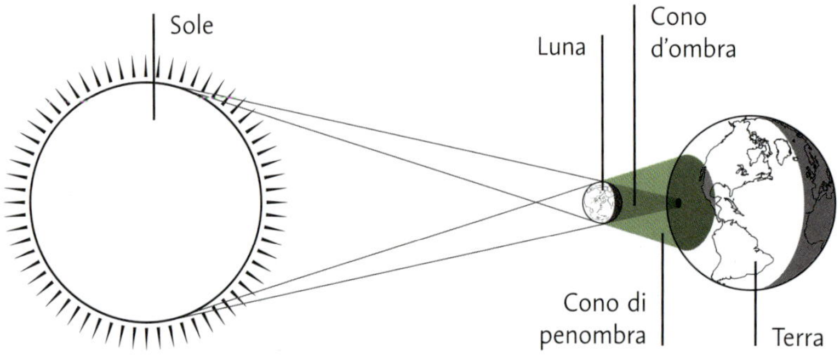

Sole oscurato
Durante un'eclisse gli astronauti sulla ISS vedono l'ombra della Luna spostarsi lungo i continenti con la rotazione della Terra. La parte esterna dell'ombra, detta cono di penombra, indica le zone in cui il Sole viene occultato solo parzialmente.

LO SAPEVI?

Le aurore boreali e australi assumono vari colori, fra cui rosso, verde, violetto e azzurro.

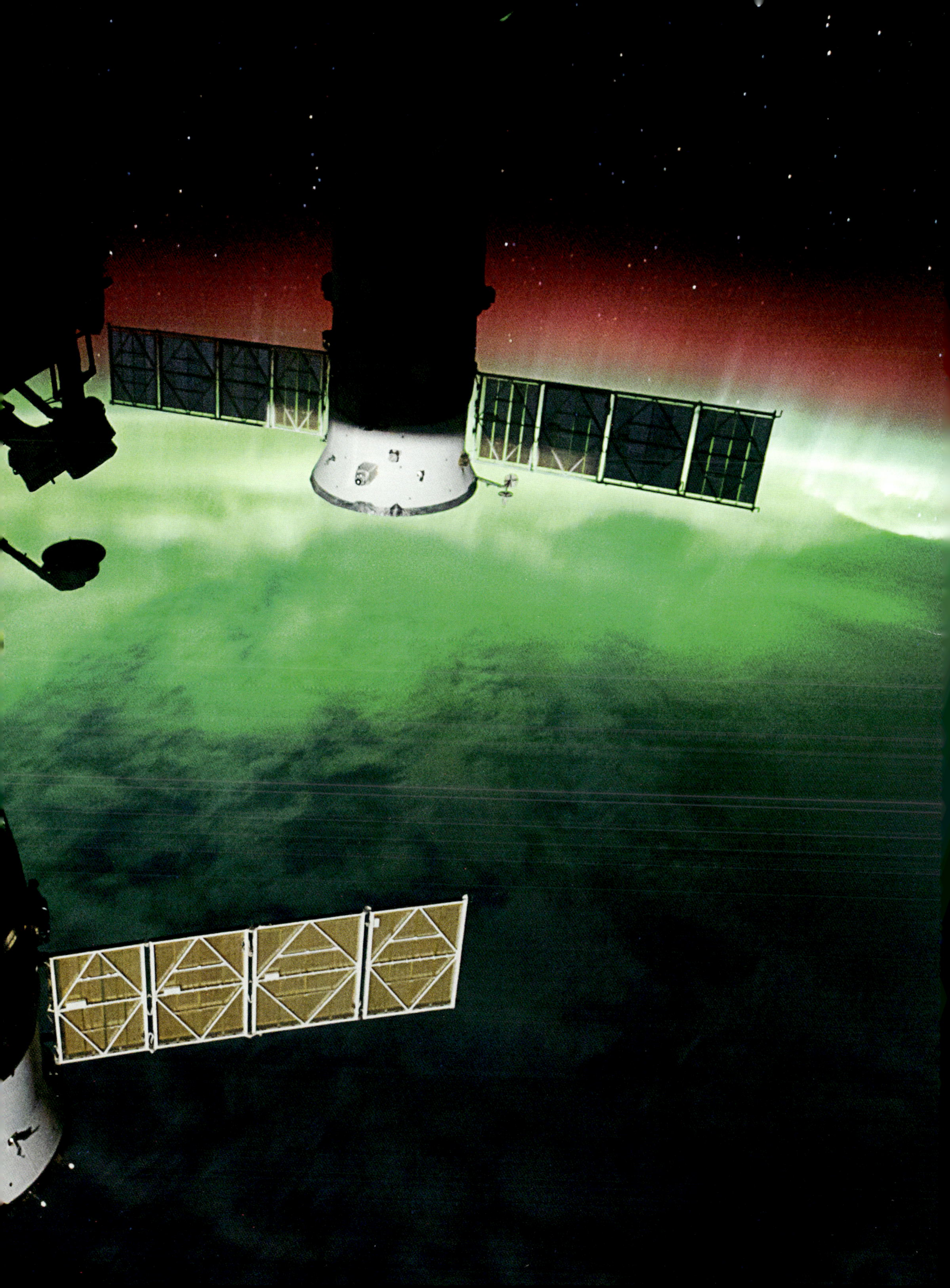

"Pacco dono" per astronauti

Dopo la difficile manovra di attracco di un'astronave carica, arriva il divertimento di scoprire che cosa sia stato inviato. Oltre a oggetti di uso quotidiano, per far felici gli astronauti i pianificatori della missione spediscono anche leccornie deliziose come la frutta fresca.

Volto amico

I robot assistenti, come CIMON (che sta per Compagno mobile interattivo dell'equipaggio), forniscono informazioni che aiutano gli astronauti in varie attività e intrattengono perfino con loro chiacchierate amichevoli e confortanti mediante l'uso di intelligenza artificiale.

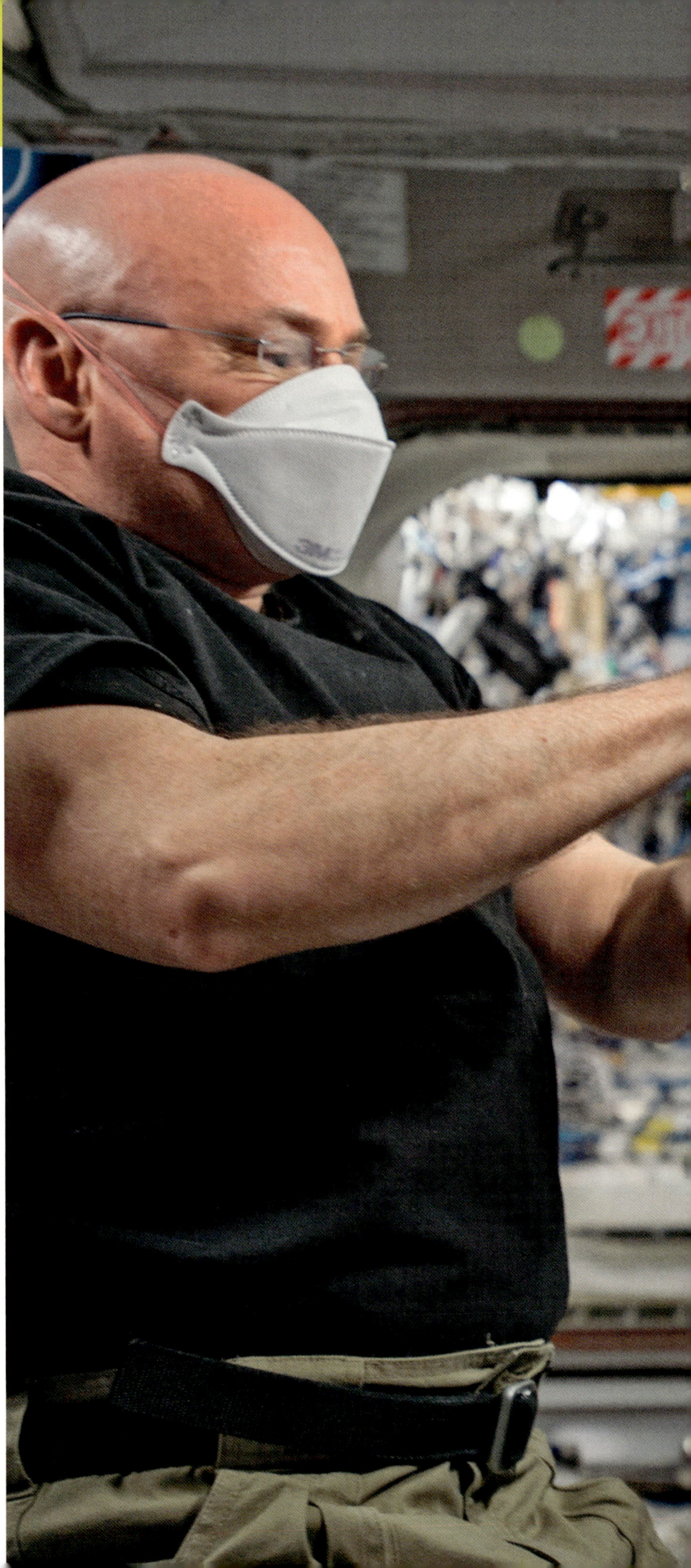

CLIMA PROPIZIO

Durante le lunghe missioni, la salute mentale degli astronauti è importante quanto quella fisica. Il lavoro di astronauta è impegnativo e la pressione è intensa. Non essendoci la possibilità di allontanarsi dagli altri a bordo, è importante che l'equipaggio trovi dei modi per rilassarsi e divertirsi sulla stazione spaziale.

◀ Fiori freschi

Per gli astronauti, coltivare piante può essere piacevole e rilassante quanto per i giardinieri sulla Terra. Durante la sua missione sulla ISS durata un anno, l'astronauta Scott Kelly ha curato piante di zinnia, producendo fiori di color arancione vivido che hanno allietato tutto l'equipaggio.

SENSAZIONALE

Gorilla nello spazio
Quando Mark Kelly ha inviato al fratello gemello, l'astronauta americano Scott Kelly, nel "pacco dono" per il suo compleanno un vestito da gorilla, Scott ha rincorso i compagni nell'intera stazione spaziale, documentando tutto con la fotocamera!

TENERSI IN FORMA

Durante una lunga missione nello spazio l'esercizio fisico regolare non è un lusso, ma una necessità. La vita in microgravità provoca alterazioni che possono rendere meno adeguato l'organismo dopo il ritorno sulla Terra, o perfino causare problemi quando l'astronauta è ancora nello spazio. L'esercizio fisico mantiene forti i muscoli e le ossa e induce il cuore a pompare sangue con maggiore intensità, ma l'attività ginnica nello spazio pone difficoltà particolari.

▼ Scarpe allacciate

Il tapis roulant della ISS consente agli astronauti di correre in assenza di peso. Prima della corsa bisogna indossare un'imbracatura collegata a cinghie elastiche, che tiene i piedi a contatto con la base. Un sistema di isolamento delle vibrazioni evita che i passi di corsa facciano tremare l'intera stazione.

Le maniglie offrono all'astronauta una maggiore stabilità.

Le scarpette da ciclismo sono conservate su uno scaffale dietro la bicicletta.

Pedalata

La bicicletta della stazione si chiama CEVIS (che sta per ciclo-ergometro con stabilizzazione dell'isolamento delle vibrazioni). Non c'è un sellino, perciò gli astronauti si attaccano alla parete con una cinghia e infilano le scarpe nei pedali. La base può opporre resistenza a vari livelli, imitando salite e discese sulla Terra.

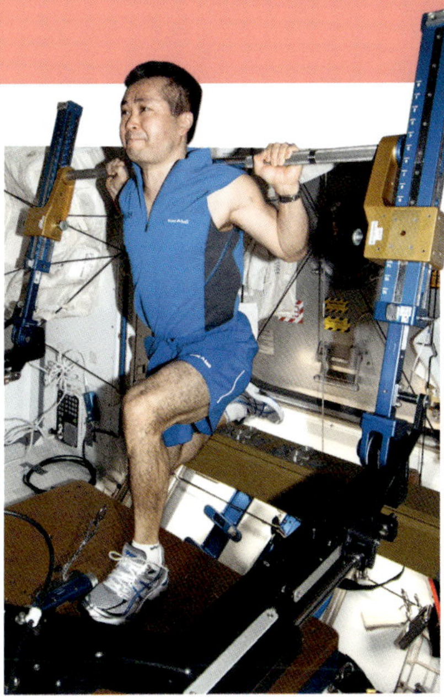

Sollevamento pesi

Il dispositivo di resistenza ARED usa pistoni per simulare il sollevamento pesi terrestre. Gli astronauti possono scegliere fra 29 esercizi, tra cui l'accosciata per rafforzare le gambe e la flessione dei bicipiti per la parte superiore del corpo.

SENSAZIONALE

Prima maratona
Nell'aprile 2016 l'astronauta britannico Tim Peake ha corso nello spazio la maratona di Londra, usando il tapis roulant per percorrere i 42,2 km in 3 ore e 35 minuti.

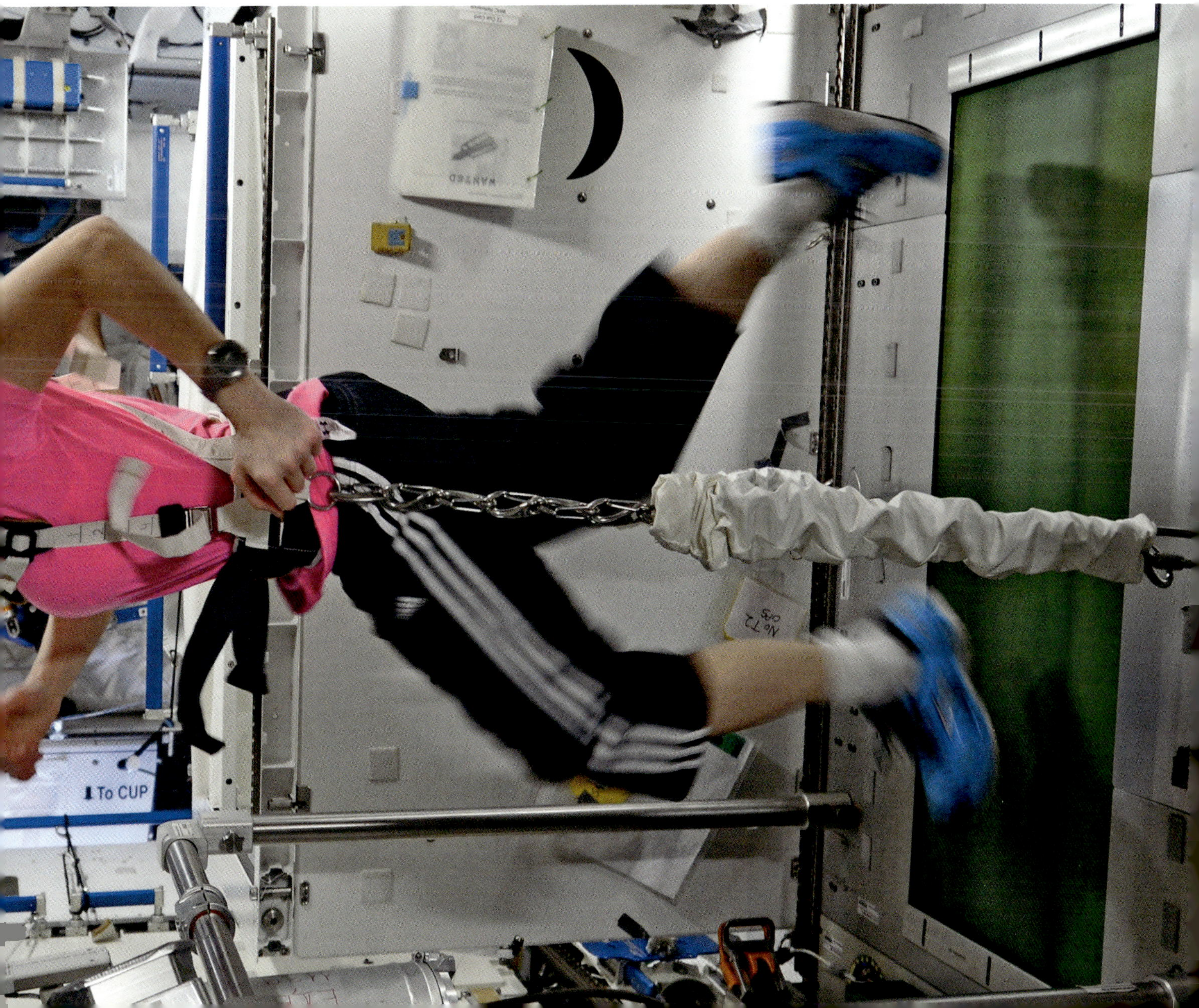

RIPOSO

Lavorare sulla stazione spaziale può risultare arduo sia per il cervello che per il corpo, perciò la fine di ogni giornata lavorativa prevede un po' di tempo per rilassarsi prima di andare a dormire. Alcuni astronauti ammirano il panorama della Terra, altri si portano nello spazio gli svaghi preferiti.

▶ Lavoro di cucito nello spazio

L'astronauta americana Karen Nyberg ama cucire, perciò durante la sua missione del 2013 si è portata vari pezzi di stoffa, ago e filo. Anche un'attività rilassante come il cucito nello spazio presenta difficoltà particolari, poiché la Nyberg doveva evitare che i pezzi di stoffa volassero via. «Tenere tutto sotto controllo sarà un ottimo esperimento!» ha detto prima del volo.

Dinosauro spaziale
La Nyberg ha cucito per suo figlio questo dinosauro giocattolo, usando stoffa di scarto del rivestimento di contenitori di cibo russi.

Trapunta collettiva

Con stoffa di una tuta spaziale dismessa, la Nyberg ha realizzato la parte centrale di una trapunta avente come tema le stelle. Ha poi invitato persone di tutto il mondo a disegnare e realizzare varie pezze, poi cucite assieme in una trapunta che è stata in seguito esposta al pubblico.

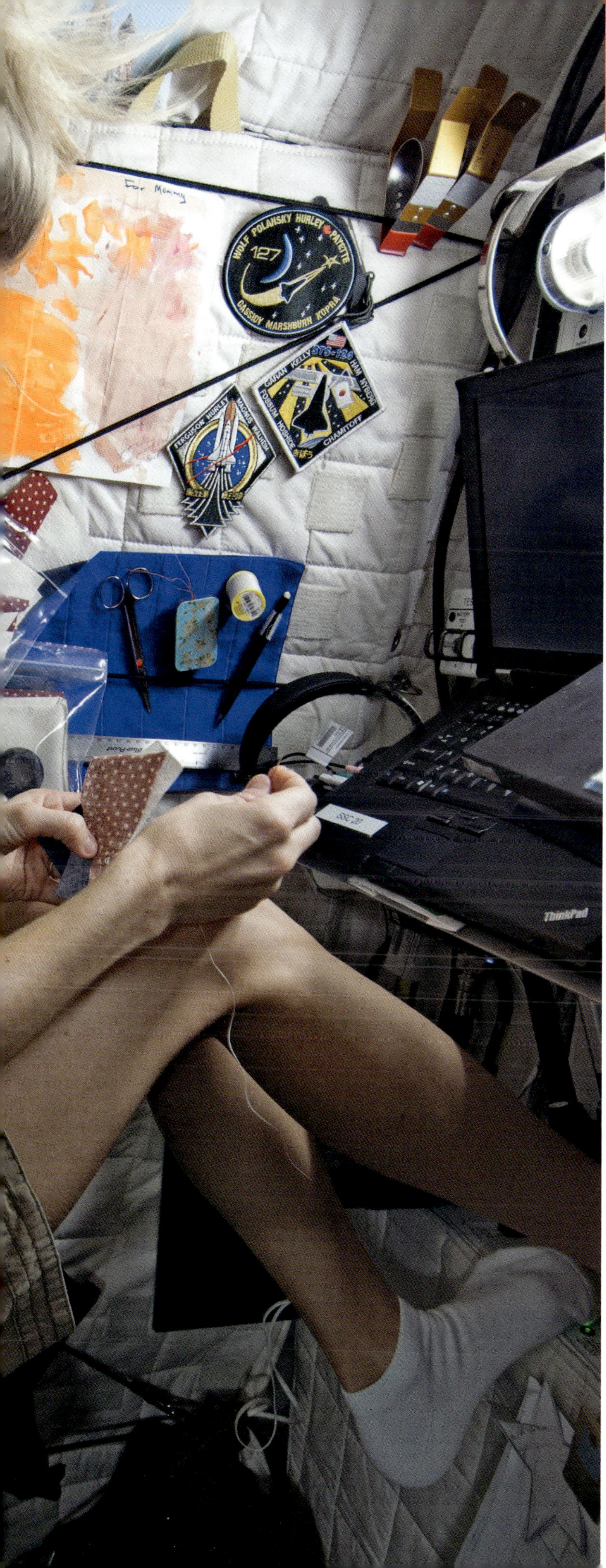

Svaghi come a casa

Come sulla Terra, anche gli astronauti amano rilassarsi in vari modi: trovando spazio per momenti tranquilli, chiacchierare con i colleghi o mettersi in contatto con qualcuno sulla Terra.

Radioamatori
Oltre agli strumenti per comunicazioni ufficiali, la ISS possiede un apparecchio per radioamatori. Qui l'astronauta americano Kjell Lindgren (nella foto) chiacchiera con radioamatori sulla Terra.

Musica nello spazio
Vari astronauti con talento musicale hanno portato nello spazio i loro strumenti. Qui l'americana Jessica Meir si diverte a suonare il sassofono nella cupola.

SENSAZIONALE

L'astronauta canadese Chris Hadfield è diventato famoso su Internet per avere eseguito alla chitarra la canzone *Space Oddity* di David Bowie mentre era a bordo della ISS nel 2013.

LO SAPEVI?

Molti astronauti necessitano di sole 6 ore di sonno per notte, forse perché nello spazio il corpo si stanca meno.

PRONTI PER DORMIRE

Durante una missione sulla stazione spaziale è essenziale che gli astronauti abbiano il tempo di riposarsi e recuperare, perciò le giornate si concludono con periodi programmati di 8 ore di sonno. I membri dell'equipaggio di solito dormono tutti nello stesso momento, spesso indossando mascherine sugli occhi e tappi nelle orecchie per isolarsi dalla luce e dal rumore della stazione. Frattanto la sala di controllo sulla Terra ne sorveglia continuamente i sistemi di sopravvivenza.

◀ Alloggi privati

La stazione di solito ha 7 alloggi privati per l'equipaggio, grandi quanto una cabina di spogliatoio, con un sacco a pelo fissato a una parete, un computer portatile e spazio per conservare effetti personali portati da casa. Le ventole eliminano l'anidride carbonica espirata dagli astronauti, che altrimenti si accumulerebbe attorno alla testa privandoli di ossigeno.

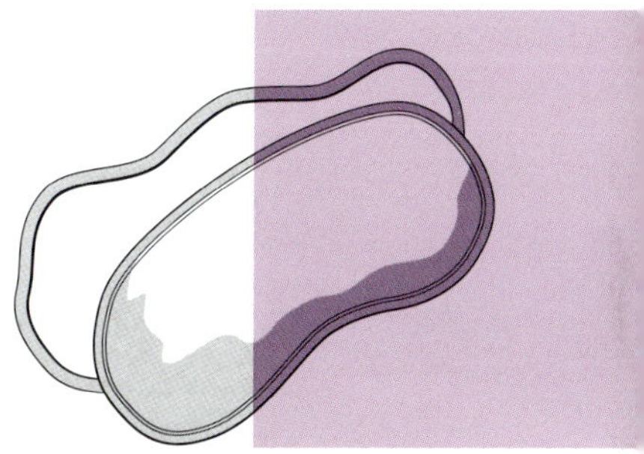

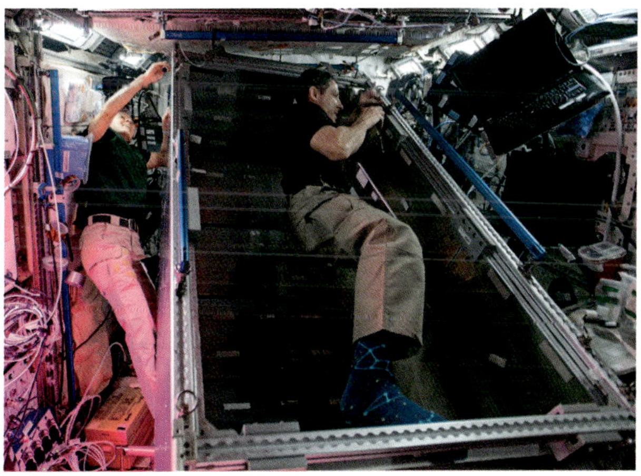

Nuovo posto letto

Durante i cambi di equipaggio e altri periodi intensi si possono aggiungere nuove cabine, ma se necessario si fissano sacchi a pelo su ogni superficie piana. Nel 2021 sono state a bordo per breve tempo 11 persone e 2 astronauti hanno dovuto dormire nella capsula *Dragon* di SpaceX attraccata alla stazione.

Stazione spaziale di notte

Di notte si attenuano le luci per mantenere l'organismo degli astronauti in sintonia con i ritmi naturali della Terra. Non essendovi un orario rigido per dormire, molti di notte amano esplorare la stazione.

ROUTINE MATTUTINA

Quando per mesi si vive assieme ad altri in uno spazio ristretto, l'igiene personale è ancora più importante del solito. La ISS offre tutte le attrezzature necessarie agli astronauti per sentirsi a posto, ma mantenersi puliti in assenza di peso è difficile, specialmente quando sulla Terra si è abituati a vedere l'acqua (e altre cose!) cadere per natura verso il basso.

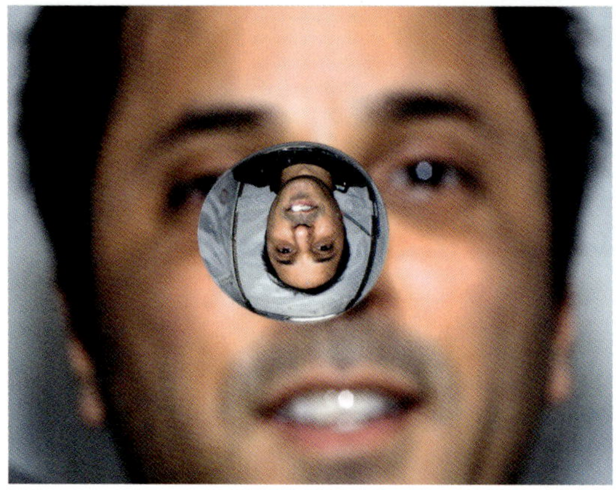

Acqua nello spazio

Sulla Terra la forza di gravità attira l'acqua verso il basso. Sulla stazione spaziale, invece, la microgravità la fa volare liberamente, e la tensione superficiale (debole forza esercitata sulla superficie) provoca gocce sferiche come questa.

Lavarsi in microgravità

L'assenza di peso nello spazio rende difficile farsi la doccia, perciò gli astronauti si lavano con sapone liquido e acqua calda spruzzati sulla pelle da sacche. Si asciugano con un asciugamano mentre una ventola ad alta potenza cattura le gocce d'acqua presenti nell'aria per riciclarle.

Lavarsi i capelli
Gli astronauti con i capelli lunghi possono usare uno shampoo che rimuove sporcizia e unto senza bisogno di molta acqua. Usano sacche di acqua per inumidirsi i capelli, spruzzano lo shampoo e poi si lavano e si asciugano con un asciugamano.

Tagliarsi i capelli
Nello spazio molti astronauti preferiscono tenere i capelli corti. Usano un rasoio elettrico con un aspiratore che raccoglie i capelli tagliati prima che volino via.

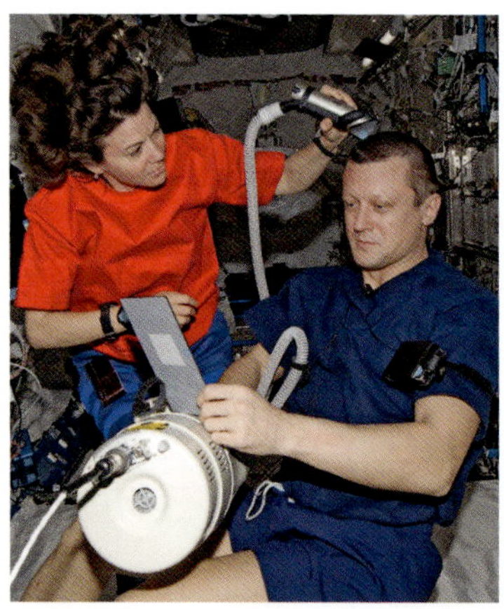

LO SAPEVI?

Nello spazio non si possono lavare i panni, perciò gli astronauti portano gli stessi indumenti quanto più a lungo possibile, poi li gettano via.

Lavarsi i denti

Gli astronauti si lavano i denti più o meno come sulla Terra. La difficoltà principale sta nel far arrivare un po' d'acqua sullo spazzolino. Poiché non vi è luogo dove sputare dopo la pulizia, la soluzione è inghiottire tutto.

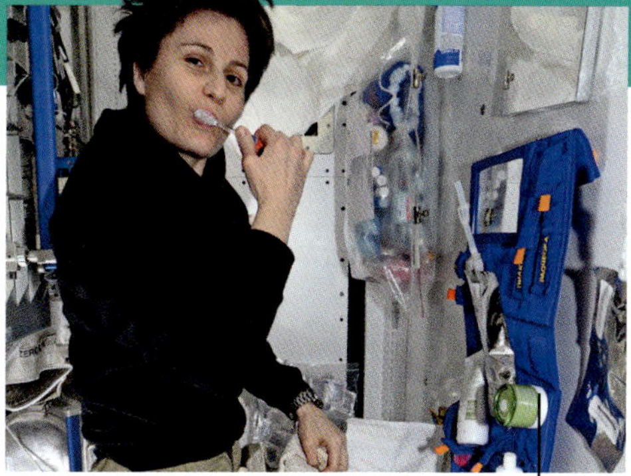

Gli oggetti per l'igiene degli astronauti sono fissati alla parete dell'area per lavarsi.

◀ Toilette spaziale

Nello spazio andare alla toilette è complicato. La ISS ha a bordo 3 toilette, l'ultima delle quali è arrivata nel 2020. Sono situate in una cabina privata dove un flusso d'aria fa sì che tutto vada nella giusta direzione. L'urina passa nell'impianto di riciclo dell'acqua, mentre gli escrementi solidi vengono trattati separatamente.

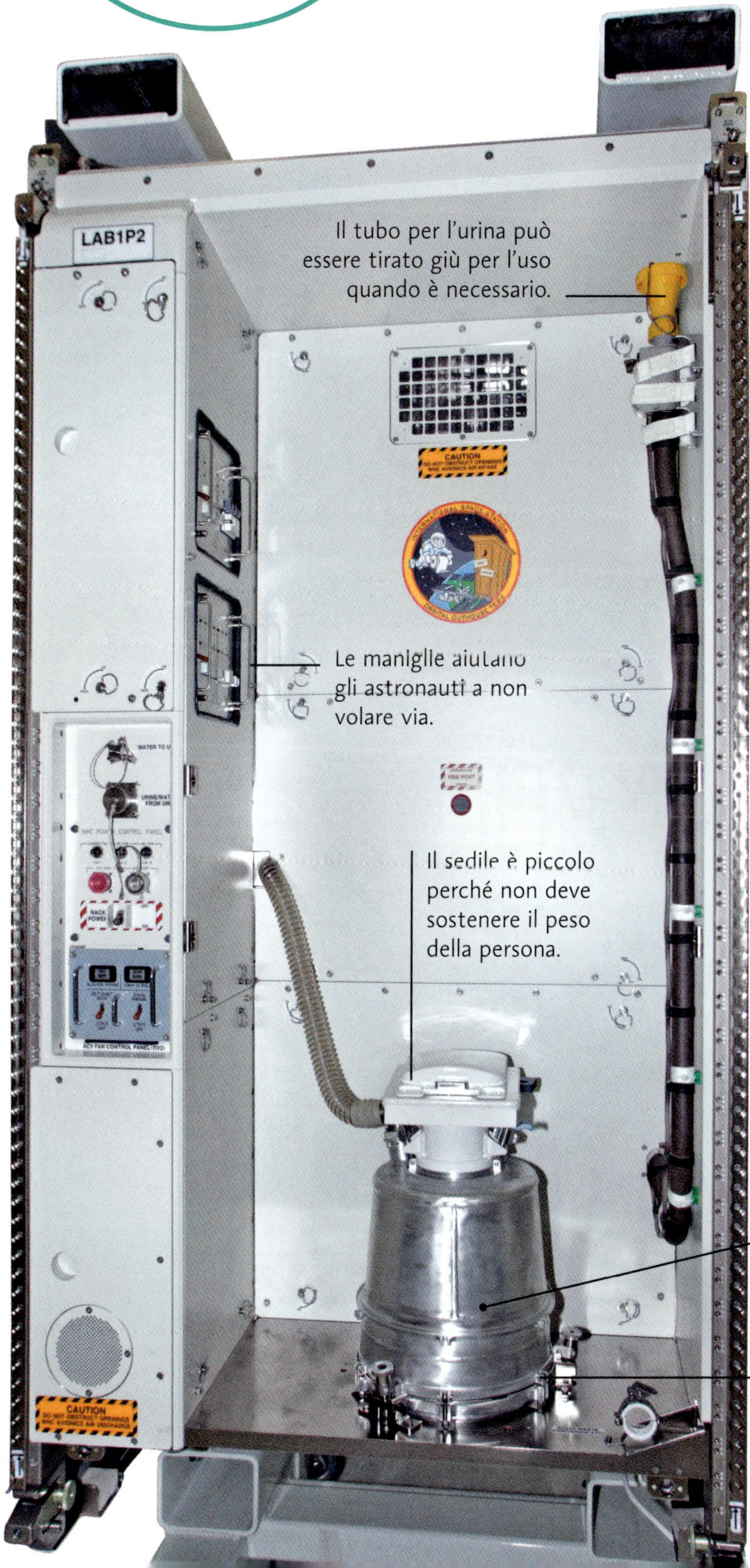

Il tubo per l'urina può essere tirato giù per l'uso quando è necessario.

Le maniglie aiutano gli astronauti a non volare via.

Il sedile è piccolo perché non deve sostenere il peso della persona.

Una corrente d'aria sospinge gli escrementi solidi in un contenitore rimovibile.

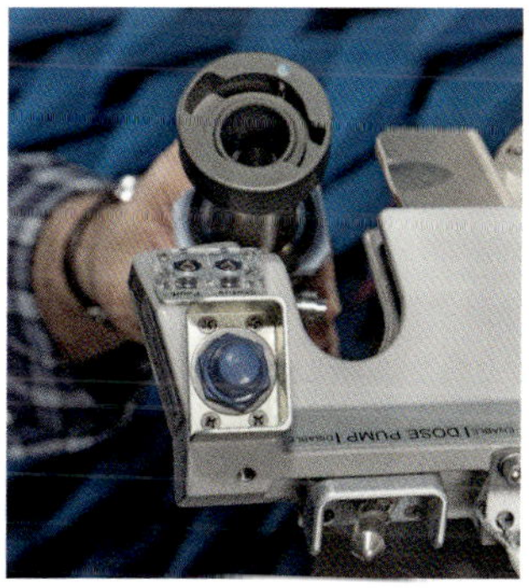

Imbuto per l'urina
Gli astronauti, uomini e donne, fanno pipì in un tubo provvisto di imbuto. Una ventola interna aspira l'urina e la passa all'impianto di riciclo dell'acqua. L'imbuto è rimovibile per la pulizia.

Manutenzione essenziale
Gli escrementi solidi vengono compattati e conservati in un contenitore rimovibile, quindi vengono riportati sulla Terra o messi su un veicolo da carico destinato a distruggersi nell'atmosfera terrestre.

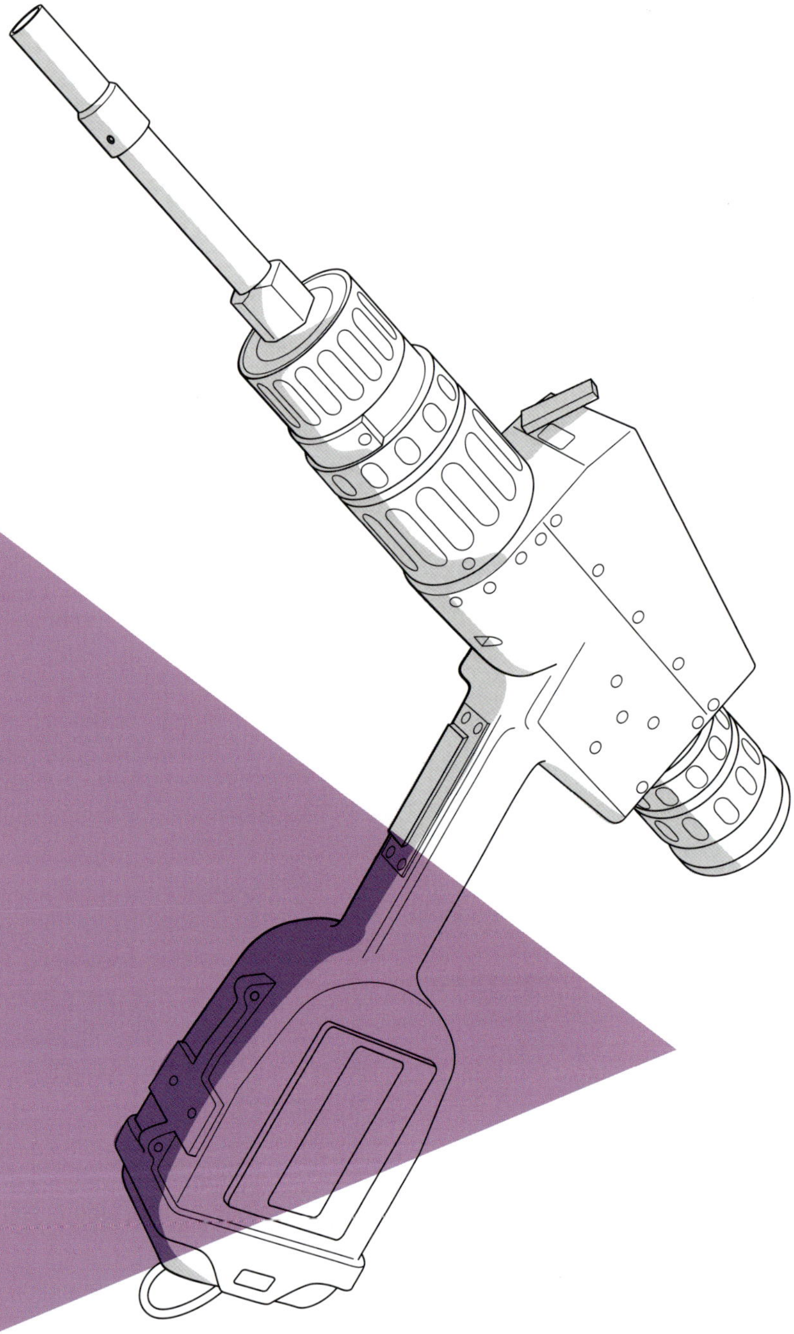

ASTRONAUTI AL LAVORO

La ISS è un enorme laboratorio scientifico in orbita e i membri dell'equipaggio si occupano di una vasta gamma di esperimenti, talvolta usando perfino se stessi come soggetti della sperimentazione. Finora sulla stazione spaziale sono stati condotti più di 3.000 esperimenti. Tutte queste ricerche consentono agli scienziati sulla Terra di trovare metodi per rendere più sicura la vita nello spazio, ma offrono benefici anche all'umanità intera, con scoperte in campo medico e nuove invenzioni. Alcuni esperimenti avvengono perfino al di fuori della stazione spaziale, nell'ambiente estremo dello spazio. Per controllarli (ed eseguire importanti operazioni di manutenzione) si rende necessario l'aspetto più emozionante di una missione: la passeggiata spaziale.

PER LA SCIENZA

Eseguire esperimenti scientifici è uno dei compiti più importanti dell'equipaggio. Per poter ottenere risultati precisi, prima della missione gli astronauti apprendono alcune tecniche essenziali, poi ricevono istruzioni dagli specialisti sulla Terra. NASA, Roscosmos, JAXA ed ESA hanno laboratori appositi, ma si può usare per gli esperimenti quasi ogni area della stazione.

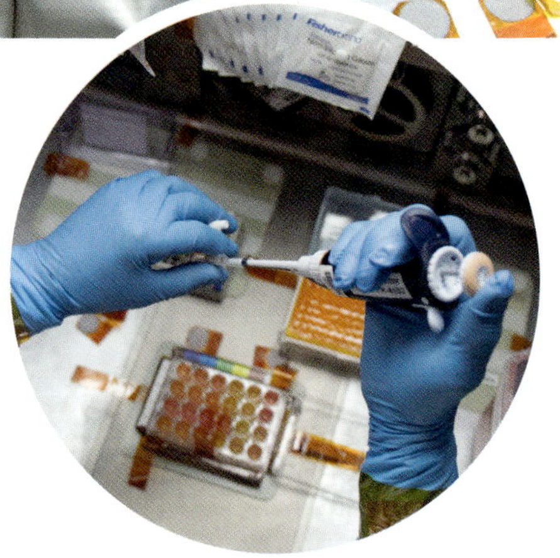

Dentro la cella a guanti
La cella a guanti per le scienze della vita, in sigla LSG, è un'unità a tenuta ermetica del modulo giapponese *Kibo*. Usando speciali guanti, qui gli astronauti eseguono esperimenti senza rischio di contaminazione.

◀ Ricerche mediche

Sulla ISS gli astronauti eseguono esperimenti in campo medico per capire l'effetto dei viaggi spaziali sulla salute umana. Qui nella cella a guanti l'astronauta e microbiologa americana Kate Rubins esamina l'adattamento delle cellule cardiache alla microgravità.

TERRA

SPAZIO

Esperimenti con il fuoco

Sulla Terra le fiamme vanno verso l'alto perché i gas al loro interno col calore si espandono e diventano più leggeri. Nello spazio invece la fiamma assume forma sferica perché i gas si espandono verso l'esterno. Capire come si comporti il fuoco può consentire agli scienziati di progettare motori più efficienti.

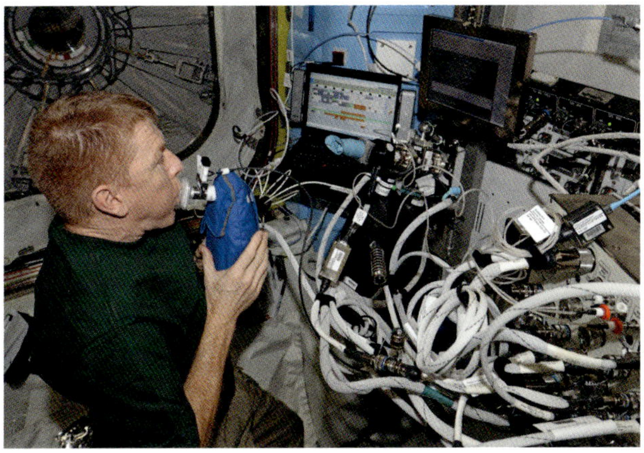

Cavie senza peso

L'assenza di peso influisce sull'organismo: più a lungo si rimane nello spazio, più ossa e muscoli si indeboliscono. È un effetto simile a quanto avviene alle persone anziane sulla Terra. Conducendo esperimenti su se stessi, gli astronauti consentono agli scienziati di trovare nuove terapie.

Congelatori MELFI

Prima che possano essere trasportati in un laboratorio sulla Terra per l'analisi, talvolta è necessario conservare a lungo i risultati degli esperimenti di biologia. Per tenerli al fresco si usa il MELFI (sigla inglese per Congelatore di laboratorio a -80 °C per l'ISS) dell'ESA.

Animali sulla ISS

All'equipaggio umano spesso si uniscono animali vivi, la cui presenza nello spazio offre agli scienziati l'occasione di studiare le modifiche del comportamento e della biologia in microgravità.

Pesce del riso
Le ossa del pesce del riso medakà nello spazio si indeboliscono rapidamente. Si possono osservare le trasformazioni grazie al corpo trasparente.

Ragno Nephila
Si è osservato che il ragno della seta dorata in microgravità usa la luce per orientarsi e costruire ragnatele.

Sepiolida
Minuscoli cefalopodi con un sistema immunitario simile a quello umano. Si studiano per evitare che gli astronauti si ammalino durante le missioni.

ORGANISMO CHE CAMBIA

La prolungata assenza di peso può essere dannosa per l'organismo degli astronauti. Osservare le trasformazioni fisiche consente ai medici sulla Terra di tenere sotto controllo la salute dell'equipaggio e anche di trovare nuovi metodi per mantenere in buona forma fisica gli astronauti in missioni a maggiore distanza dalla Terra.

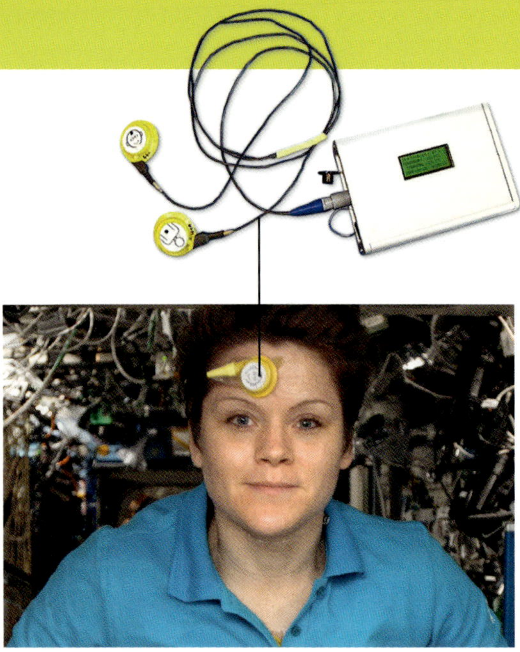

Ritmi alterati

Tutti noi abbiamo ormoni, messaggeri chimici che ci dicono quando dormire e quando svegliarci, ma le luci vivide della ISS e l'impossibilità di coricarsi nello spazio alterano i ritmi naturali dell'organismo. Gli scienziati studiano tali trasformazioni ponendo sulla fronte degli astronauti degli speciali sensori.

SENSAZIONALE

Studio sui gemelli
In un esperimento unico, l'astronauta americano Scott Kelly ha vissuto un anno sulla ISS mentre il fratello gemello Mark Kelly, pure astronauta, è rimasto sulla Terra. Studiando i gemelli, gli scienziati hanno appreso informazioni su come la vita nello spazio influenzi l'organismo.

▶ Vista annebbiata

In assenza di peso il sangue e altri fluidi corporei si accumulano in varie zone, compresa la testa. Oltre a rendere più gonfio il viso, questo effetto esercita pressione sul cervello, che a sua volta comprime gli occhi, distorcendone la forma e indebolendo la vista. Qui l'astronauta americana Karen Nyberg si sottopone a un esame degli occhi per studiare questa alterazione fisica.

Aiuto tecnologico

Scienziati e ingegneri hanno inventato nuove tecnologie per capire meglio i rischi dei viaggi spaziali e contrastare alcuni effetti fisici della vita in microgravità.

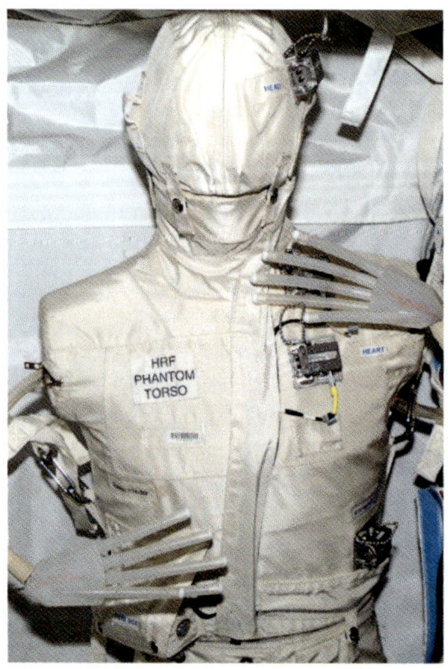

Radiazioni nocive
Gli astronauti sono esposti ai raggi cosmici, particelle ad alta energia emesse dal Sole e da altre stelle, che possono essere nocive per l'organismo. I sensori del manichino controllano i livelli di radiazioni.

Pantaloni per microgravità
La tuta "Chibis" dell'agenzia spaziale russa è uno strano paio di pantaloni in cui un aspiratore fa sì che i fluidi si spostino dalla testa verso la parte inferiore del corpo.

LO SAPEVI?

Dopo il ritorno sulla Terra, per un certo tempo molti astronauti devono portare gli occhiali e possono anche subire alterazioni permanenti della vista.

ORTO SPAZIALE

Una stazione spaziale non sembra l'ambiente ideale per coltivare piante, ma è proprio questo lo scopo di alcuni esperimenti sulla ISS, in cui astronauti e scienziati imparano a far crescere frutta e verdura nello spazio. I cibi freschi sono essenziali per una sana alimentazione, e gli astronauti di future missioni verso la Luna o Marte dovranno coltivarli da soli, poiché non potranno ricevere provviste dalla Terra.

Attrezzature orticole

Il Sistema di produzione vegetale, detto Veggie, è usato per produrre varie colture. I semi vengono piantati in "cuscini" anziché nel terreno, e si regolano le luci Led per variare le condizioni di crescita. Gli esperimenti hanno indicato che con l'uso di luci di colori specifici si influisce sui livelli delle sostanze nutritive, con la potenzialità di ottenere superalimenti.

▼ Potenza delle piante

L'orticoltura nello spazio presenta molte difficoltà, sebbene siano state coltivate con successo varie piante, tra cui quelle qui raffigurate. Nello spazio l'acqua non defluisce come sulla Terra, perciò gli astronauti devono accertarsi che le piante ottengano l'acqua di cui hanno bisogno, senza però esserne inondate.

La lattuga romana rossa è stata la prima verdura da insalata a venire mangiata nello spazio.

La bietola da coste dai colori vivaci è ricca di vitamina C.

Peperoni spaziali

Nel 2021 l'equipaggio della ISS ha piantato per la prima volta dei peperoni nello spazio. Oltre a fornire nutrimento, i peperoni freschi possono dare sapore ai pasti durante le missioni lunghe. Si ritiene che i loro colori vivaci siano utili anche per la salute mentale degli astronauti.

1 I ricercatori sulla Terra hanno usato copie delle attrezzature della ISS per selezionare le varietà più adatte allo spazio.

2 I semi dei peperoni sono stati consegnati alla ISS con un razzo. Un astronauta li ha inseriti nel vano di Veggie.

3 I peperoni sono stati coltivati nella cella ermetica in cui acqua, luce e temperatura erano regolate automaticamente.

4 Quattro mesi dopo, i peperoni erano pronti per essere raccolti. Gli astronauti li hanno mangiati con le tortilla!

Cuscini per le piante

Il sistema Veggie può contenere 6 "cuscini", ciascuno dei quali produce una sola pianta e contiene una sostanza argillosa e un concime, consentendo inoltre la circolazione della giusta quantità di acqua, aria e sostanze nutritive attorno alle radici della pianta.

Impollinazione a pennello

Il polline è una polvere fine con cui le piante si riproducono. Poiché sulla ISS non ci sono insetti a trasferire il polline da un fiore all'altro, gli astronauti usano un pennello per raccoglierlo dalle antere (parti maschili) di un fiore e trasferirlo sullo stigma (parte femminile) di un altro.

Si può usare la taccola rampicante per piantare nuove colture.

Questa varietà ibrida di ravanello ha foglie e radici commestibili.

Il "Tokyo Bekana" è un cavolo cinese prescelto per le piccole dimensioni e la crescita rapida.

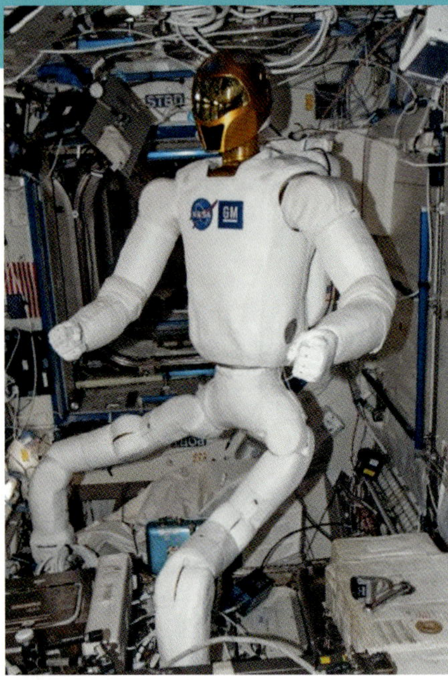

Gambe lunghe
Quando è stato inviato sulla ISS, Robonaut 2 è stato montato su una piattaforma ed è rimasto fermo per 3 anni, finché non gli sono state progettate, costruite e applicate le gambe. Ogni gamba aveva 7 articolazioni, offrendo al robot flessibilità per spostarsi autonomamente.

▶ Assistente spaziale

Fra il 2011 e il 2018 sulla ISS c'è stato un astronauta insolito: il robot umanoide Robonaut 2. Era una versione nuova e perfezionata del predecessore Robonaut 1 (che però non è mai andato nello spazio) e sapeva eseguire lavori come passare l'aspirapolvere, pulire i filtri dell'aria e assistere gli astronauti nell'eseguire riparazioni.

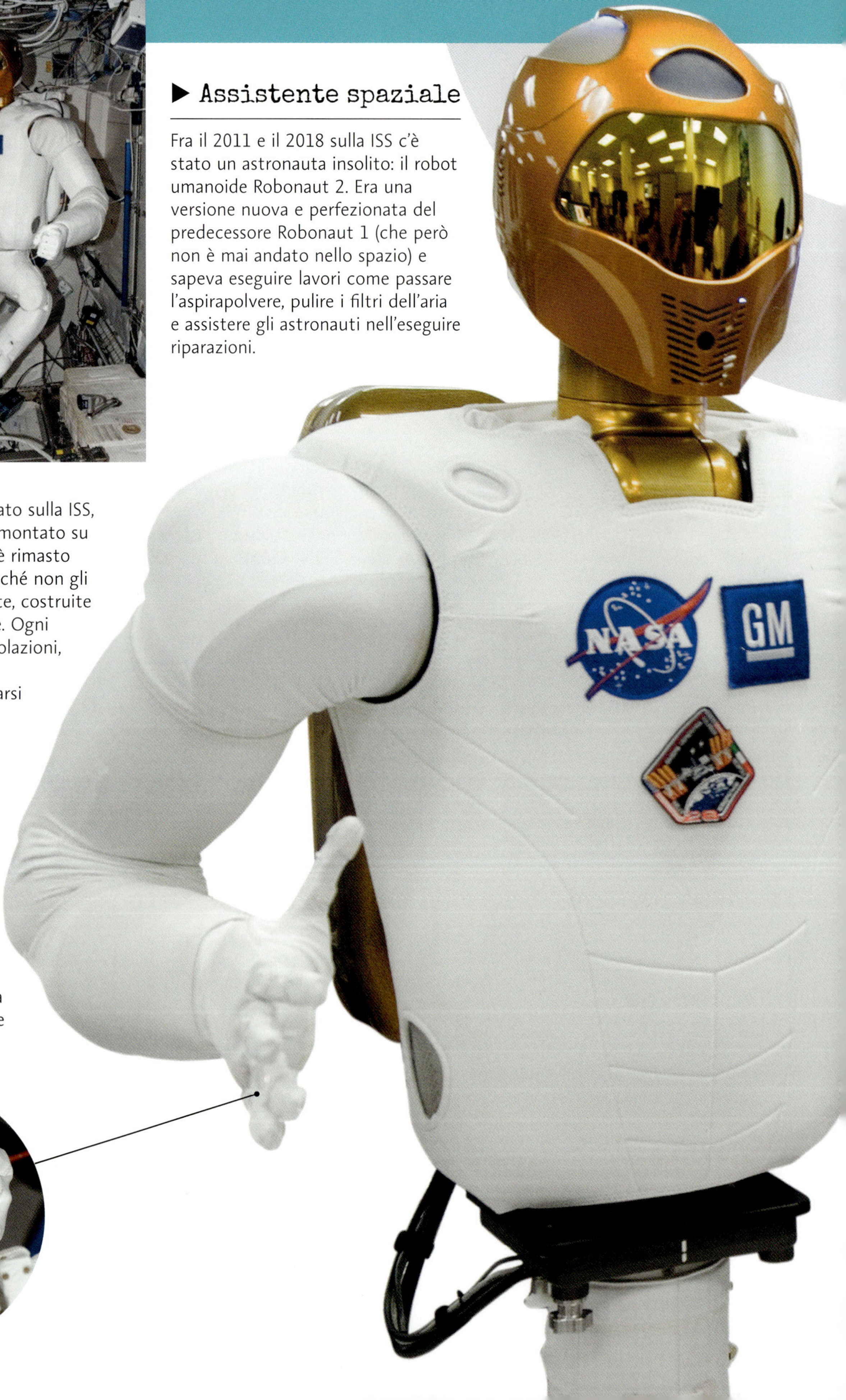

Una mano d'aiuto
La mano di Robonaut 2 funzionava come quella umana: poteva reggere oggetti, usare semplici utensili e afferrare maniglie.

ROBOT SPAZIALI

Vivere nello spazio è entusiasmante, ma assai impegnativo. Come sulla Terra, anche gli astronauti talvolta hanno bisogno di aiuto. Poiché i robot non si stancano, non devono mangiare e non si annoiano, sulla stazione spaziale vengono usati per assistere gli astronauti in alcune attività che richiedono molto tempo o sono meno interessanti.

Int-Ball

Grande quanto un pompelmo, la sfera Int-Ball, lanciata nel 2017 dall'agenzia giapponese JAXA, consente agli astronauti di registrare video e scattare foto delle loro attività, compiti che di solito richiedono molto tempo.

Gli "occhi" blu tondi si illuminano quando la Int-Ball è in uso.

Sfera intelligente
Librandosi in microgravità, la Int-Ball si sposta mediante 12 minuscole ventole elettriche. Una fotocamera e dei sensori le evitano di scontrarsi con gli oggetti.

Fotografa spaziale
La Int-Ball può registrare video, gestita dalla sala di controllo della JAXA sulla Terra. Gli occhi accesi indicano da che parte sia rivolta la fotocamera.

Astrobee

Queste "astro-api" sono tre assistenti robotici di nome Bumble, Honey e Queen, progettati dalla NASA allo scopo di far risparmiare tempo agli astronauti nell'esecuzione di attività quali filmare gli esperimenti, rilevare il livello sonoro e la qualità dell'aria, avvertire gli astronauti se qualche oggetto ostruisce le prese d'aria.

Le luci azzurre indicano che il robot sta "ascoltando" i comandi degli astronauti.

Rinforzi in arrivo
Nell'aprile 2019 l'astronauta americana Anne McClain nel modulo giapponese *Kibo* ha tolto dalla confezione Bumble, il primo Astrobee consegnato, che può essere comandato dagli astronauti o dal personale sulla Terra.

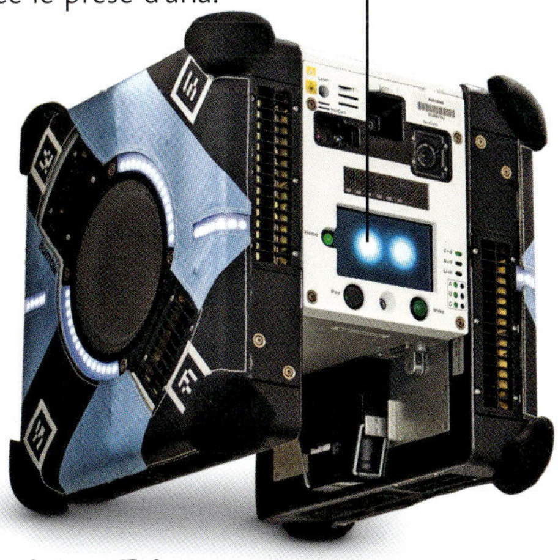

Aiuto efficiente
A forma di cubo e sospinto da ventole elettriche, Bumble possiede fotocamere e sensori per evitare urti. Quando le batterie sono quasi esaurite, ritorna al punto di ricarica. Ogni Astrobee si attiva quando un astronauta lo chiama per nome.

LO SAPEVI?

Robonaut 2 pensava con lo "stomaco", l'ubicazione dei suoi computer.

Satelliti minuscoli

I recenti progressi dell'elettronica hanno consentito agli ingegneri di costruire satelliti sempre più piccoli, alcuni dei quali stanno in una mano. Con un peso di appena 1 kg, questi "nanosatelliti" sanno eseguire le stesse funzioni di quelli grandi tradizionali, ma sono molto meno costosi da costruire e da lanciare. I nanosatelliti possono essere inviati alla ISS e lanciati da lì.

Nuove tecnologie
Questo nanosatellite, GomX-3, è stato messo a punto in appena un anno. Ha a bordo tecnologia in grado di rilevare i segnali degli aerei.

Rampa di lancio nello spazio
I nanosatelliti vengono lanciati dal modulo giapponese *Kibo* verso nuove orbite a distanza di sicurezza dalla stazione. È meno costoso che lanciarli dalla Terra.

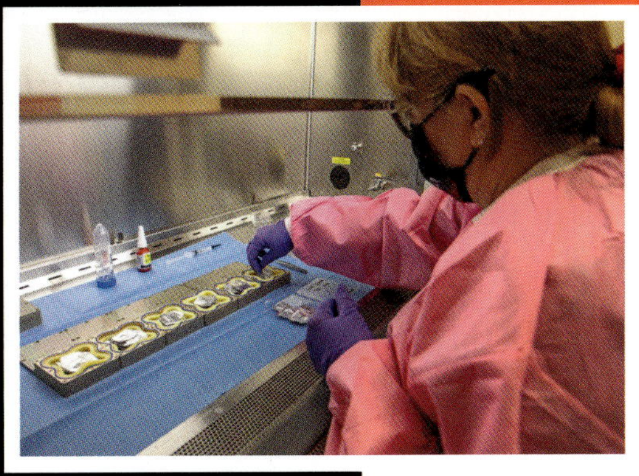

Preparazione dei semi per lo spazio
Gli astronauti in missioni lunghe verso la Luna o Marte per mangiare dovranno coltivare piante, perciò è essenziale capire come si comportano i semi nell'ambiente dello spazio. Qui una scienziata prepara i semi per un esperimento all'esterno della ISS.

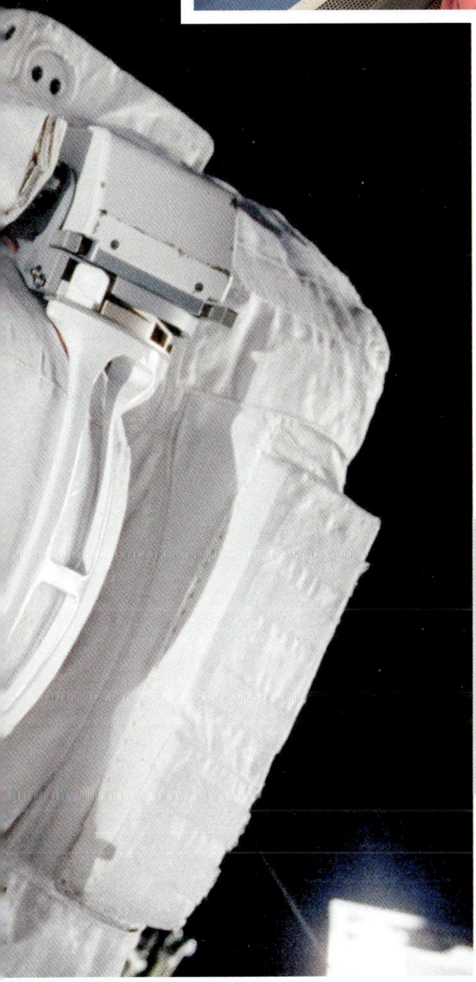

◀ Esperimenti all'aperto

Nello spazio bisogna affrontare un vuoto quasi perfetto e valori estremi di caldo e freddo, nonché il bombardamento da parte di raggi cosmici. Per capire in che modo vengano influenzate dall'ambiente le attrezzature essenziali nello spazio come gli scudi termici e i pannelli solari, all'esterno della stazione sono state montate cassette come questa, piene di campioni, che sono state tenute lì per mesi e perfino anni.

SCIENZA ALL'ESTERNO

Oltre a compiere esperimenti nella stazione spaziale, gli astronauti talvolta si spostano all'esterno per condurne altri, che consentono agli scienziati sulla Terra di capire meglio come reagiscano all'ambiente estremo dello spazio vari materiali, sostanze e perfino forme di vita terrestri. Quando l'esperimento è concluso, si possono mandare sulla Terra dei campioni per un'analisi dettagliata.

Sopravvissuti nello spazio

Gli esperimenti condotti sulla stazione hanno indicato che, sorprendentemente, alcune forme di vita terrestri resistono all'ambiente ostile dello spazio. Capire come sopravvivano e si adattino può offrire idee per proteggere i futuri astronauti in voli spaziali di lunga durata.

Tardigradi
Pur essendo lunghi solo un paio di millimetri, i minuscoli tardigradi sopravvivono quasi a tutto, anche ai raggi cosmici, a caldo e freddo estremi e perfino al vuoto dello spazio.

Batteri resistenti
Il *Deinococcus radiodurans* è un batterio resistente alle radiazioni che è sopravvissuto nello spazio e potrebbe vivere bene anche sulla superficie di Marte. Perciò le future missioni dovranno stare attente a non contaminare il pianeta rosso con batteri terrestri.

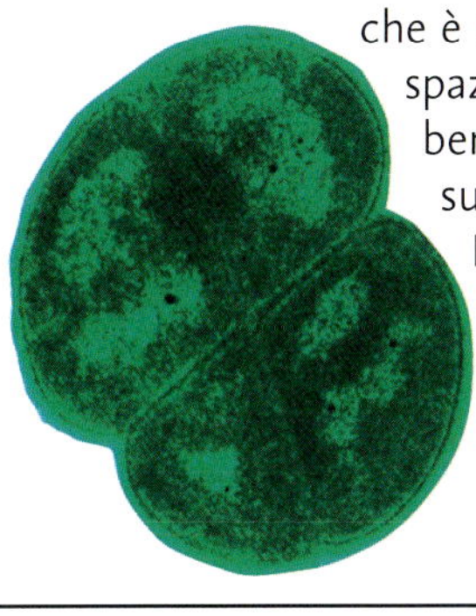

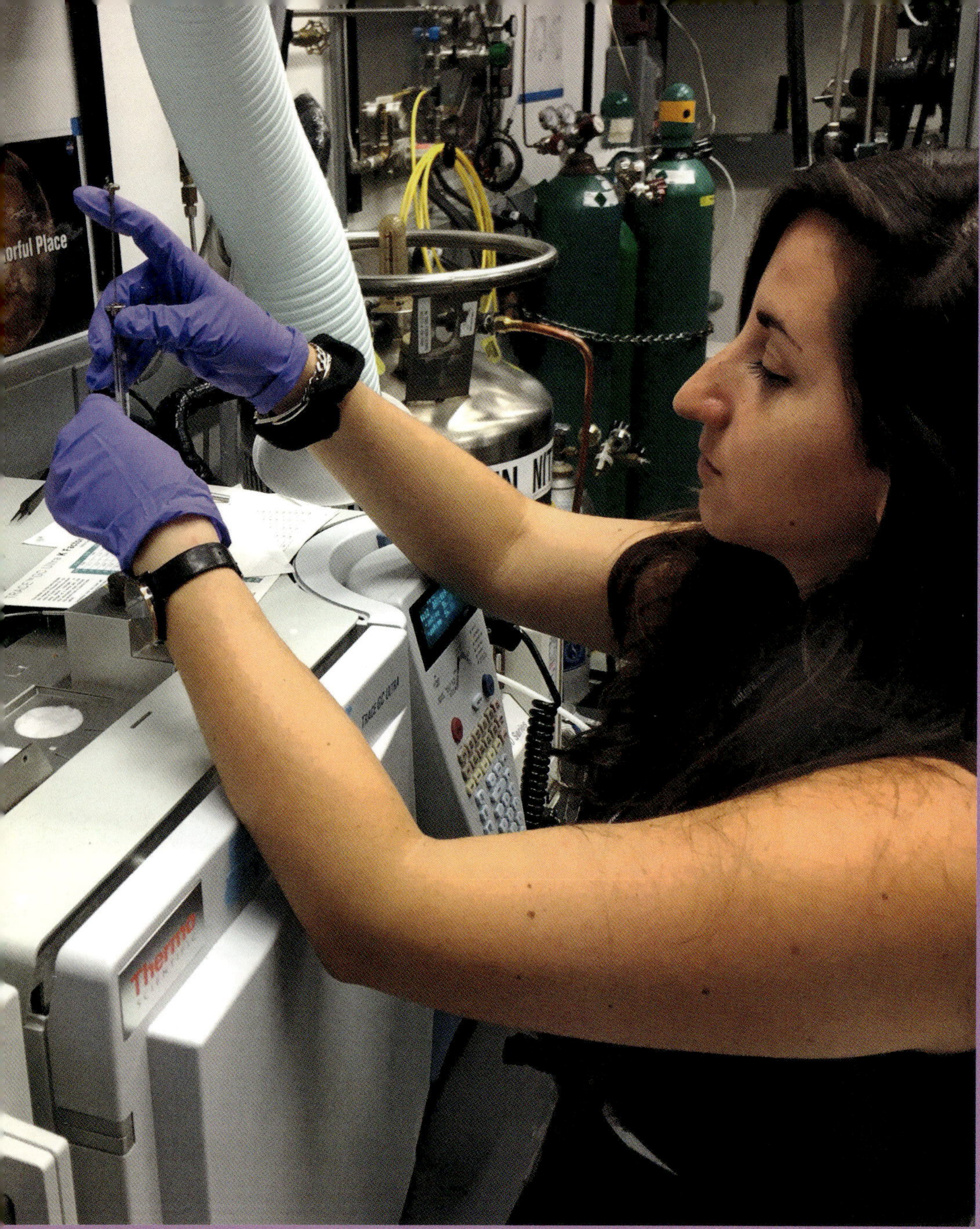

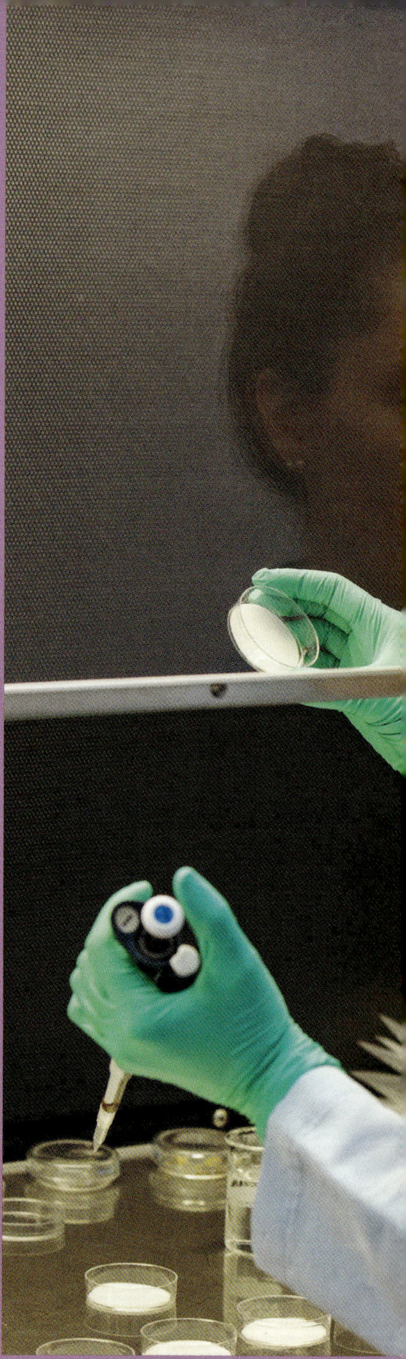

MANSIONI DIETRO LE QUINTE

SCIENZIATO

Migliaia di scienziati sono dipendenti o collaboratori delle agenzie spaziali. Sono specialisti di vari settori, dalla biochimica all'astrofisica, e sfruttano le loro competenze, capacità e ricerche per ampliare le conoscenze umane in merito allo spazio. Compiono scoperte entusiasmanti che svelano la natura del nostro pianeta e dell'universo. Inoltre, gli scienziati sulla Terra offrono un sostegno prezioso agli equipaggi durante una missione, predisponendo esperimenti da inviare nello spazio, aiutando gli astronauti a eseguirli e al termine analizzando i dati.

Sul campo

Alcuni esperimenti fanno uscire gli scienziati per usare attrezzature come queste parabole radar a Longyearbyen, (isole Svalbard,) che raccolgono dati su aurore polari, tempo meteorologico dello spazio e detriti spaziali.

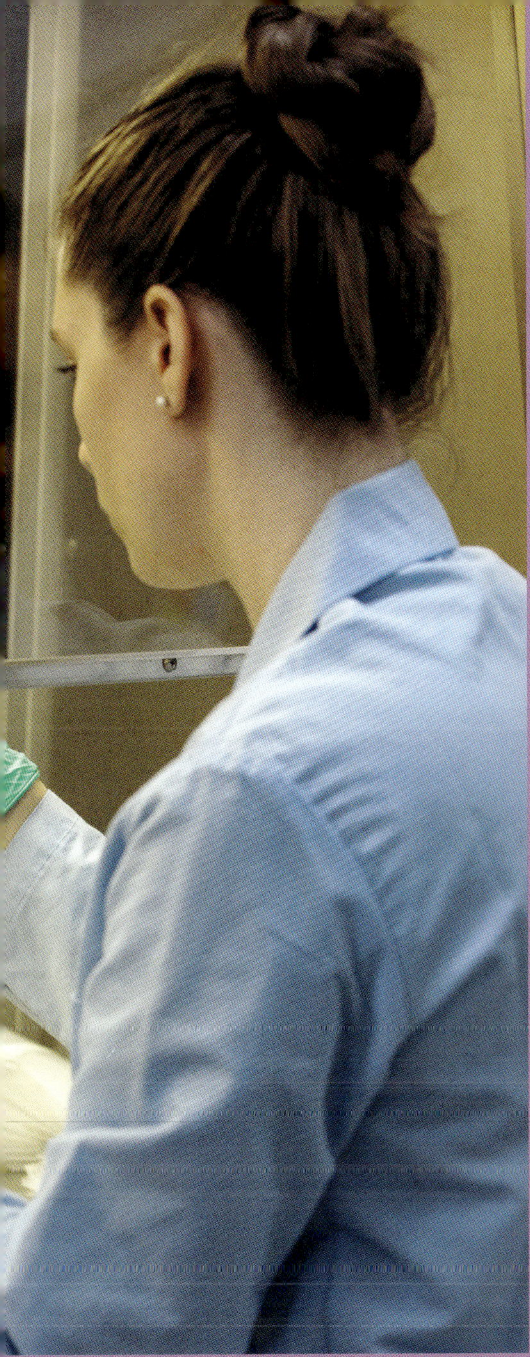

Vaste conoscenze ▲
Gli scienziati impegnati nelle ricerche spaziali provengono da un'ampia gamma di settori; qui sono raffigurati specialisti di astrobiologia, planetologia e botanica.

Preparazione di esperimenti

Qui gli scienziati del Centro ricerche Ames, in California, preparano moscerini della frutta da mandare nello spazio per studiare gli effetti della microgravità su cuore e vasi sanguigni umani. Da quando è entrata in funzione la ISS, vi sono stati condotti più di 3.000 esperimenti.

PREPARARSI PER USCIRE

I preparativi per la passeggiata spaziale o attività extraveicolare possono prendere avvio anche con un anno di anticipo. Costituiscono un lavoro di gruppo che coinvolge astronauti, scienziati, ingegneri e la sala di controllo. Circa 2 settimane prima della data prevista, l'equipaggio comincia a dedicare 2 o 3 ore al giorno a eseguire verifiche nel "percorso verso l'uscita".

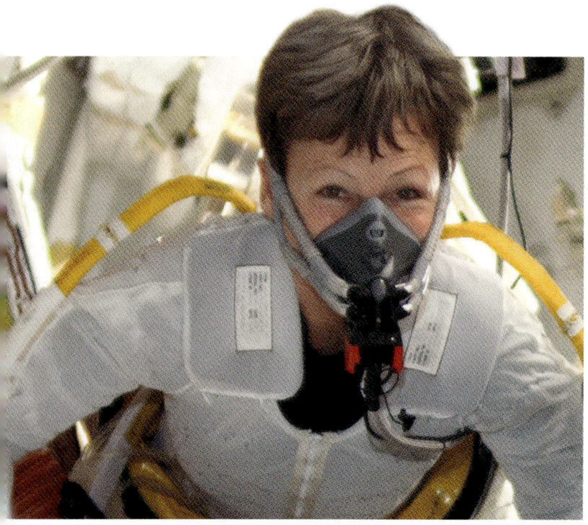

Ossigeno puro

Nelle ore precedenti e poi durante l'uscita, l'astronauta deve respirare ossigeno puro per rimuovere dal sangue l'azoto, altrimenti all'esterno possono formarsi nell'organismo pericolose bolle di gas che provocano embolie.

▶ Tuta da indossare

Gli astronauti eseguono le passeggiate spaziali sempre in coppia, assistiti da un terzo membro dell'equipaggio all'interno della ISS. Qui il giapponese Soichi Noguchi (al centro) aiuta gli americani Victor Glover (a sinistra) e Kate Rubins prima di un'uscita nel 2021. Dopo innumerevoli verifiche di sicurezza, gli astronauti si chiudono ermeticamente dietro le spalle il portellone interno della camera d'equilibrio. Quindi dalla camera viene fatta uscire l'aria. A quel punto si apre il portellone esterno, verso lo spazio, e gli astronauti escono.

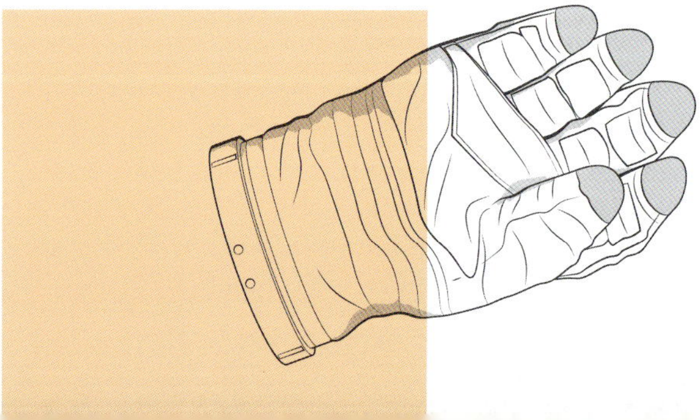

LO SAPEVI?

Durante la passeggiata spaziale gli astronauti non possono usare deodorante: se miscelato all'ossigeno puro presente nella tuta, costituisce un rischio d'incendio.

3015

TUTA PRONTA

Le tute usate per le passeggiate spaziali sono diverse da quelle indossate durante il lancio e l'atterraggio. Fuori dalla ISS gli astronauti devono affrontare vari pericoli, dai detriti spaziali alle temperature estreme. La tuta deve fungere da astronave personale e fornire a chi la indossa tutto ciò che serve per rimanere in vita e lavorare in sicurezza nello spazio.

▶ Tuta americana

La tuta spaziale della NASA, formata da 14 strati di materiali differenti, è detta unità di mobilità extraveicolare (in sigla EMU). Ha due parti che si congiungono ermeticamente: una superiore rigida che passa sopra la testa e una inferiore più flessibile che si indossa come dei pantaloni. Casco e guanti vengono applicati separatamente.

Tuta russa Orlan

La tuta russa Orlan, con qualche ritocco è in uso dagli anni '70. Diversamente dall'americana EMU, la Orlan (in russo significa "aquila di mare") è in un unico pezzo e si indossa mediante un portello posteriore che viene poi chiuso ermeticamente.

Le punte delle dita dei guanti sono in silicone per favorire la sensibilità tattile.

Le strisce colorate consentono agli osservatori di distinguere un astronauta dall'altro.

I "piedi" della tuta sono in materiale morbido per evitare di danneggiare l'esterno della stazione spaziale.

Da portare nello spazio

Oltre alla tuta, gli astronauti necessitano di alcune attrezzature essenziali per la sicurezza e la comodità nello spazio.

Temperatura costante
In questo indumento indossato sotto la tuta, per mantenere l'astronauta a una temperatura confortevole durante l'attività viene pompata acqua calda o fredda in una rete di tubi.

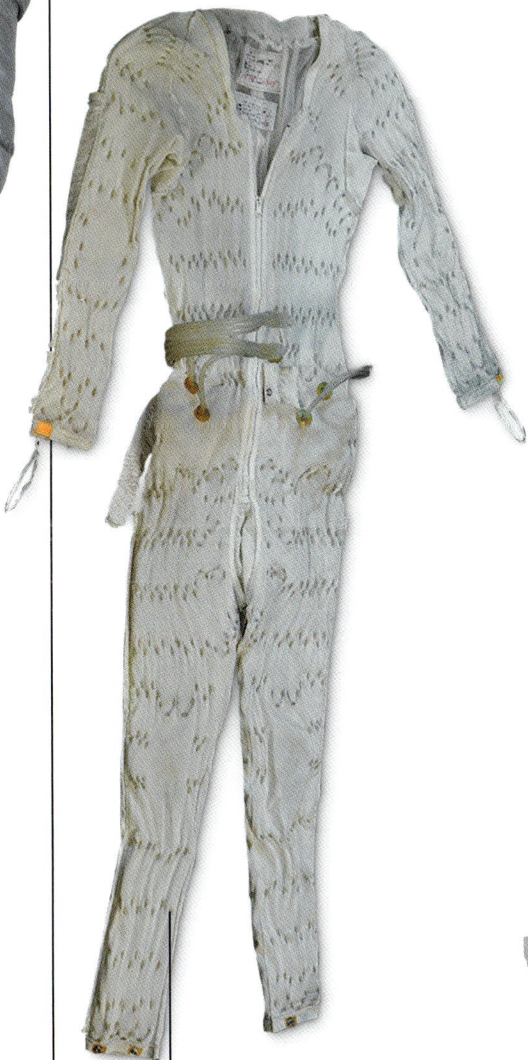

Questo indumento morbido contiene 90 m di tubi.

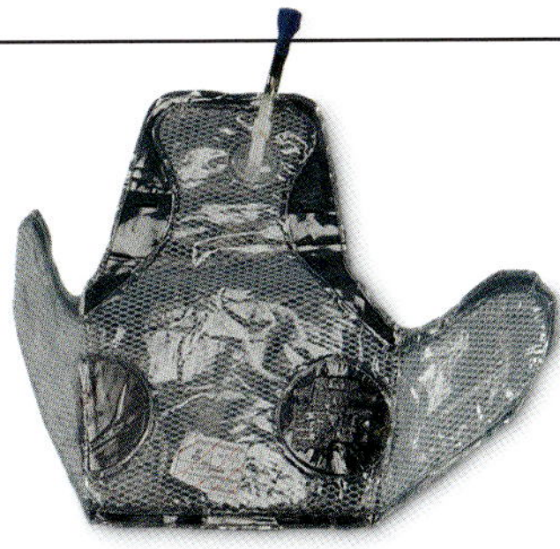

Idratazione
Questa sacca per idratazione si applica all'interno del tronco della tuta e quando si morde la cannuccia di plastica fornisce acqua.

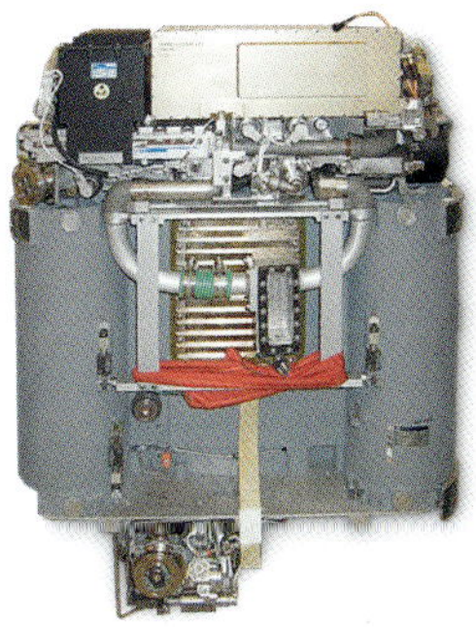

Zaino di sopravvivenza
Montato nello zaino della tuta, il sistema di sopravvivenza primario contiene serbatoi per ossigeno e acqua, batterie elettriche e radio per comunicazioni.

Mutande spaziali
L'attività extraveicolare può durare varie ore, perciò gli astronauti indossano un "pannolino" per quando devono andare in bagno.

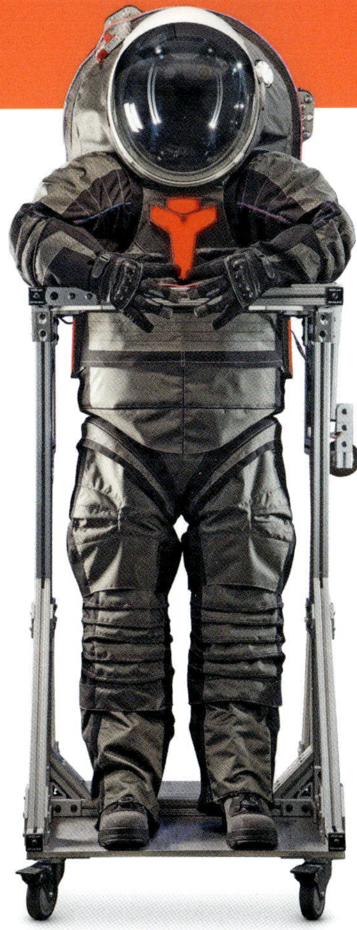

Tecnologie future

In futuro gli astronauti forse metteranno piede su Marte. A tale scopo vengono progettate tute spaziali più avanzate, flessibili e leggere, come questo prototipo serie Z, adattabile facilmente a diverse conformazioni del corpo.

SENSAZIONALE

Tuta satellite
Nel 2006 gli astronauti della ISS hanno emesso nello spazio una tuta Orlan vuota per vedere se possono essere usate come satelliti e se si surriscaldano. La "tuta satellite" ha trasmesso segnali radio per 2 ore prima che si esaurissero le batterie.

A/L/04-04A

VERSO LO SPAZIO

A detta degli astronauti, il momento in cui si emerge nello spazio per un'attività extraveicolare è un'esperienza indimenticabile. Pur avendo già trascorso ore a prepararsi, eseguendo varie procedure di sicurezza, si rimane senza fiato nel vedere sotto di sé la Terra e al di sopra l'immensità buia dello spazio... ma poi bisogna mettersi al lavoro.

LO SAPEVI?

Un leggero esercizio fisico consente agli astronauti di abituarsi più rapidamente all'atmosfera di ossigeno puro dentro la tuta spaziale.

Spazio ristretto

Prima di avventurarsi all'esterno, gli astronauti fanno sì che l'organismo si abitui a respirare l'ossigeno puro fornito dalla tuta spaziale. Qui gli americani Michael Foale e Bernard A. Harris sono in attesa nella ristretta camera d'equilibrio della navetta spaziale *Discovery*. Durante la missione della navetta sulla Mir nel 1995, Harris è stato il primo americano nero a compiere una passeggiata spaziale.

◀ Uscita dalla camera d'equilibrio

Quando dalla camera d'equilibrio è stata rimossa quasi tutta l'aria, ciò che ne rimane viene disperso nello spazio. Gli ultimi controlli confermano che non vi sono buchi nelle tute e, prima di aprire il portellone e uscire, gli astronauti verificano due o tre volte che gli attacchi di sicurezza siano ben saldi. Una ringhiera circolare attorno al portellone consente loro di aggrapparsi e di ricollegare gli attacchi di sicurezza al lato esterno della stazione.

ATTIVITÀ ESTERNA

Le passeggiate spaziali, ufficialmente dette attività extraveicolari, costituiscono il culmine faticoso ma entusiasmante di ogni missione. Gli astronauti escono dalla ISS per installare nuovi componenti, eseguire la manutenzione ed effettuare riparazioni. Escono a coppie, e ogni attività viene programmata con mesi di anticipo per far sì che tutti sappiano bene che cosa fare.

◀ Costruzione della ISS

Per costruire la ISS, fra il 1998 e il 2011 gli astronauti eseguirono oltre 150 passeggiate spaziali. Gli americani Richard Mastracchio e Clayton Anderson sono qui raffigurati nel 2007 mentre collocano componenti sulla travatura reticolare della stazione. "Carrelli" automatici che percorrono avanti e indietro la travatura trasportano gli astronauti e le attrezzature, risparmiando loro la fatica di "camminare" lungo tutta la stazione.

Maniglie di sicurezza
Sul lato esterno della ISS sono montate maniglie che gli astronauti afferrano per rimanere stabili durante l'attività e per spostarsi più facilmente lungo la stazione. Inoltre, vi possono collegare gli attacchi di sicurezza per evitare di volare via nello spazio.

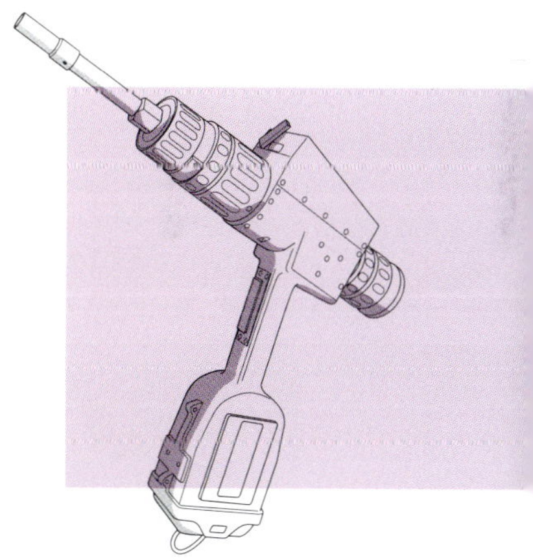

SENSAZIONALE

Prima passeggiata per una donna
Nel luglio 1984 la cosmonauta russa Svetlana Savickaja fu la prima donna a compiere una passeggiata spaziale. Uscì dalla stazione spaziale Saljut 7 per condurre una serie di esperimenti durante una passeggiata protrattasi per più di 3 ore.

STRUMENTI PER LO SPAZIO

Dalle fotocamere agli utensili elettrici, quando escono dalla stazione gli astronauti devono portare con sé alcuni oggetti essenziali. Spesso scattano fotografie per scienziati e ingegneri sulla Terra, che poi esaminano le immagini per verificare lo stato delle attrezzature. Durante una passeggiata spaziale nel 2018, l'americano Mark Vande Hei ha scattato un autoritratto, definito "selfie spaziale", usando una fotocamera e la visiera lucida del casco come specchio.

Fotocamera
Per usare una fotocamera durante una passeggiata spaziale bisogna imbottirla con isolante per proteggerla contro le temperature estreme. La si può fissare alla tuta spaziale.

Utensili elettrici

Alcuni utensili, come questo trapano elettrico "a pistola", sono progettati per l'uso con grossi guanti, perciò sono più facili da usare nella passeggiata spaziale.

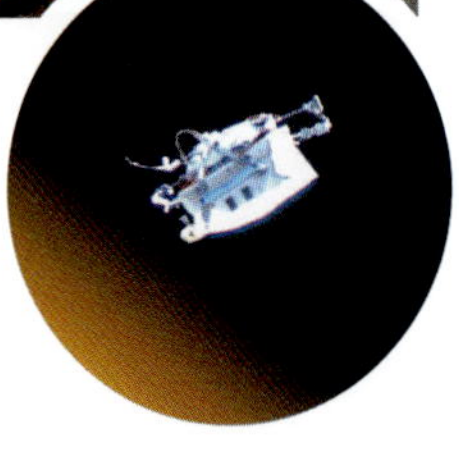

Perduta nello spazio
Nel 2008 una borsa degli attrezzi sfuggì di mano a un astronauta nello spazio. In seguito si distrusse bruciando nell'atmosfera terrestre.

USCITE SEMPRE PIÙ ARDUE

Talvolta gli astronauti devono "passeggiare" nello spazio per apportare riparazioni alla stazione spaziale dall'esterno, sperimentare nuovi utensili o condurre esperimenti. Le prime passeggiate spaziali duravano pochi minuti, ma oggi possono protrarsi anche per 8 ore. Sono attività impegnative dal punto di vista fisico e non prive di rischi. Malgrado i notevoli preparativi, non vanno sempre come previsto.

PRIMA USCITA

Nel marzo 1965, durante la missione *Voskhod 2* il cosmonauta russo Aleksej Leonov compì la primissima passeggiata spaziale. Un problema di pressione dell'aria fece espandere la tuta al punto che, per rientrare sano e salvo nell'astronave, Leonov dovette farne uscire una parte.

Primo americano
Nel giugno 1965 l'astronauta Ed White fu il primo americano a passeggiare nello spazio.

SALVATAGGIO

Nel settembre del 1994 gli astronauti americani usarono un nuovo "giubbotto di salvataggio" per le passeggiate spaziali. In sigla SAFER, è uno zaino motorizzato che consente agli astronauti di ritornare alla stazione se si allontanano troppo.

PRIMA PASSEGGIATA CINESE

Il taikonauta cinese Zhai Zhigang nel settembre del 2008 ha compiuto una passeggiata all'esterno dell'astronave *Shenzhou 7*. È stato il primo del suo Paese a compiere questa attività, che in Cina è stata trasmessa in diretta televisiva.

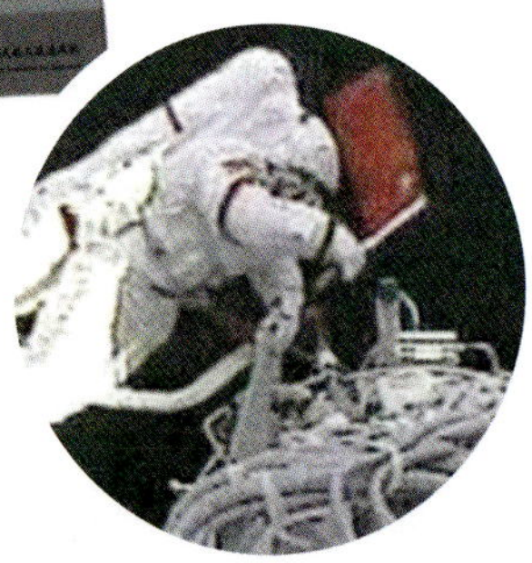

Servizio di raccolta
Zhai raccoglie campioni di un esperimento all'esterno dell'astronave.

VOLO LIBERO

Nel febbraio 1984 l'astronauta americano Bruce McCandless compì una passeggiata spaziale senza attacco di sicurezza. Usò uno zaino MMU (unità di manovra per equipaggio), che gli consentiva di spostarsi con piccole emissioni di gas azoto.

98 m

Massima distanza dall'astronave raggiunta da McCandless.

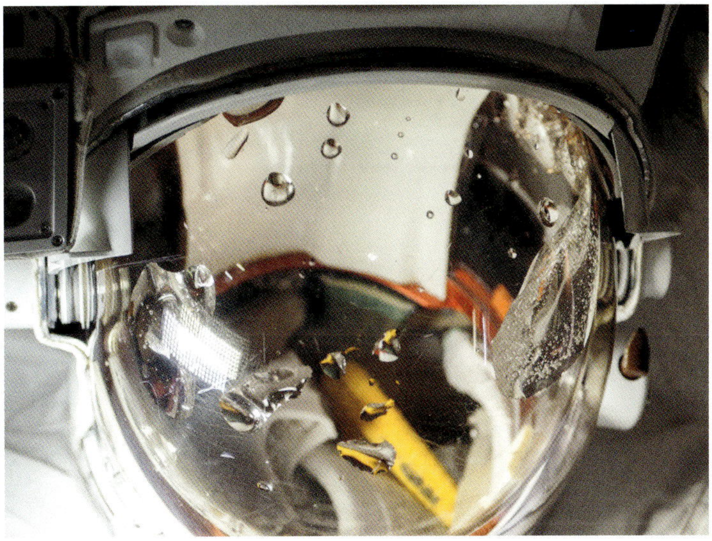

PROBLEMI IMPREVISTI

Nel luglio 2013 l'astronauta italiano Luca Parmitano ha dovuto compiere un rientro di emergenza nella ISS quando, durante una passeggiata spaziale, un guasto all'impianto di raffreddamento della tuta ha cominciato a riempirgli il casco d'acqua.

PASSEGGIATA FEMMINILE

Nell'ottobre 2019 le astronaute americane Christina Koch e Jessica Meir hanno compiuto una storica attività extraveicolare femminile per sostituire una centralina elettrica della ISS. La passeggiata spaziale era in origine prevista per il marzo del 2019, ma è stata rinviata perché a bordo vi era una sola tuta spaziale di taglia media.

5,5 ore

Durata della prima passeggiata spaziale tutta femminile.

ALTRE PASSEGGIATE

▶ PRIMA USCITA NON RUSSA NÉ AMERICANA

Nel dicembre 1988 l'astronauta francese Jean-Loup Chrétien fu il primo non russo e non americano a compiere una passeggiata spaziale.

▶ PRIMA USCITA IN TRE

Nel 1992 gli americani Thomas Akers, Richard Hieb e Pierre Thuot compirono la prima passeggiata in tre. Erano a bordo della navetta spaziale *Endeavour*.

▶ PRIMATO DI TEMPO

Il cosmonauta russo Anatolij Solovëv è volato nello spazio 5 volte e ha trascorso in totale 82 ore e 22 minuti in passeggiate spaziali.

RITORNO A CASA

La conclusione di una missione sulla ISS è un momento frenetico, in cui alcuni membri dell'equipaggio si preparano a tornare a casa, mentre gli altri rimangono a bordo per la missione successiva. Si scattano foto, si raccolgono souvenir, si osservano cerimoniali e tradizioni, ci si saluta. Prima della partenza gli astronauti devono compiere verifiche su tutte le attrezzature, fra l'altro controllando di riuscire ancora a indossare la tuta spaziale dopo essere diventati più alti nei mesi trascorsi in assenza di peso.

Passaggio di consegne

L'americana Sunita Williams, comandante della ISS, aggiunge l'emblema della Expedition 33 agli altri incollati da astronauti precedenti. Poco prima del ritorno a casa bisogna passare le consegne al nuovo comandante.

Nuovo viaggio

L'equipaggio ha indossato la tuta Sokol durante il lancio, che tecnicamente era una spedizione diversa, perciò l'emblema della missione è obsoleto. Prima del ritorno, bisogna aggiornare l'emblema per indicare la missione attuale.

▶ Spazio ristretto

Gli astronauti si preparano al ritorno facendo le prove delle procedure di distacco, rientro e atterraggio. Il modulo di rientro della *Sojuz* nel viaggio di ritorno è ancora più ristretto poiché nello spazio gli astronauti crescono di circa 5 cm e non stanno più comodi sui sedili.

LO

SAPEVI?

Per tornare sulla Terra dalla stazione spaziale ci vogliono circa 3 ore.

ARRIVO A TERRA

Mentre i primi equipaggi della stazione spaziale ebbero un ritorno sulla Terra piuttosto agevole a bordo della navetta spaziale, fra 2011 e 2020 l'unico modo per tornare a casa è stato il modulo di rientro della russa *Sojuz*, una piccola capsula a forma di campana. È una discesa sicura ma infuocata nell'atmosfera terrestre: un viaggio che per i passeggeri comporta molti scossoni!

▶ Accoglienza

Gli astronauti di solito attendono nella capsula che qualcuno venga ad aiutarli a uscire, poiché dopo mesi nello spazio hanno i muscoli indeboliti. Dato però che l'area di atterraggio si trova in una zona remota del Kazakistan, se scende troppo lontano dall'obiettivo l'equipaggio è addestrato a sopravvivere in luoghi disabitati.

Veicolo per il recupero

Mediante simulazioni e calcoli scientifici, è possibile prevedere quando e dove atterrerà un veicolo spaziale. Entra allora in azione un'enorme squadra operativa, con elicotteri e veicoli fuoristrada come questo in attesa dell'atterraggio.

Viaggio di ritorno

Mentre per arrivare nello spazio l'astronave deve raggiungere velocità elevatissime, per tornare sulla Terra deve fare il contrario e rallentare in modo da atterrare in sicurezza. Il modulo di rientro della *Sojuz* attraversa varie fasi spettacolari. Essendo privo di ruote e di ali, non atterra come un aereo, ma rallenta con l'aiuto di un paracadute.

1 Dopo il distacco dalla stazione spaziale, la *Sojuz* si gira in modo da volare "all'indietro" e accende i razzi che la rallentano. Due moduli vengono eliminati perché non servono più.

2 Viaggiando a 27.000 km/h, il modulo rientra nell'atmosfera terrestre. L'astronave comprime l'aria davanti a sé e si surriscalda. Per circa 6 minuti l'equipaggio perde i contatti con la sala di controllo.

3

Nell'atmosfera il modulo rallenta fino a 800 km/h. Si apre un piccolo paracadute che riduce ulteriormente la velocità, poi si attiva il paracadute principale per l'atterraggio.

4

Il modulo, che si può usare una volta sola, procede a 7,8 m al secondo. A poca distanza dal suolo si accendono i razzi alla base e il veicolo rallenta ancora, poi atterra.

Ammaraggio

Diversamente dalla *Sojuz*, l'astronave *Dragon* di SpaceX scende in mare, usando l'acqua anziché i razzi per attutire la caduta, poi galleggia fino all'arrivo delle navi per il recupero.

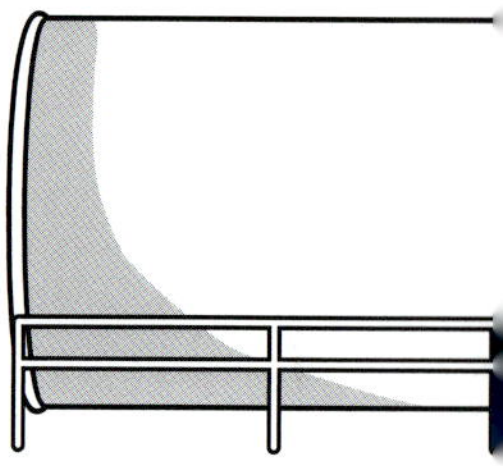

MISSIONI FUTURE

Sulla ISS vivono astronauti da più di 20 anni. Durante questo periodo scienziati e ingegneri hanno appreso molte informazioni sulla vita in microgravità. Adesso guardano al futuro. Che cosa ci vuole per portare più persone nello spazio? Come potremo un giorno ritornare sulla Luna o perfino andare su Marte? Le missioni di lunga durata ci hanno indicato quali difficoltà quotidiane dovranno affrontare i primi viaggiatori verso il pianeta rosso. Frattanto sulla Terra le simulazioni rivelano come gli esseri umani dal punto di vista fisico e mentale possano affrontare un prolungato isolamento. Sfruttando queste conoscenze acquisite con grande fatica, agenzie spaziali e aziende private pianificano nuove missioni entusiasmanti che ci porteranno più lontano che mai nel sistema solare.

LO SAPEVI?

Durante l'esperimento MARS-500 nel 2010-2011, 6 volontari sono rimasti in isolamento per 520 giorni, la durata di un'eventuale missione su Marte.

MISSIONI ANALOGHE

Poiché i viaggi spaziali sono tanto costosi, uno dei metodi migliori per prepararsi a missioni future è trovare o inventare sulla Terra condizioni simili agli ambienti estremi dello spazio. Le agenzie spaziali reclutano volontari, astronauti compresi, per vedere come affrontino la vita in luoghi ristretti o lunghi periodi di isolamento. Queste cosiddette missioni analoghe si usano anche per simulare le condizioni ambientali di altri pianeti.

◀ Studi della NASA nel deserto

Il programma della NASA per lo studio e l'addestramento nel deserto ha effettuato nelle regioni aride dell'Arizona varie sperimentazioni di nuove apparecchiature e tecnologie da usare nell'esplorazione della Luna, degli asteroidi e perfino di Marte. Si è trattato di tute spaziali, robot, rover e nuovi sistemi di comunicazione.

Ricerche sull'isolamento

La missione analoga della NASA per le ricerche sull'esplorazione umana è un habitat in cui i volontari partecipano a missioni spaziali simulate anche di 45 giorni, nelle quali affrontano varie difficoltà tipiche dello spazio, tra cui vivere in luoghi ristretti e subire ritardi nelle comunicazioni.

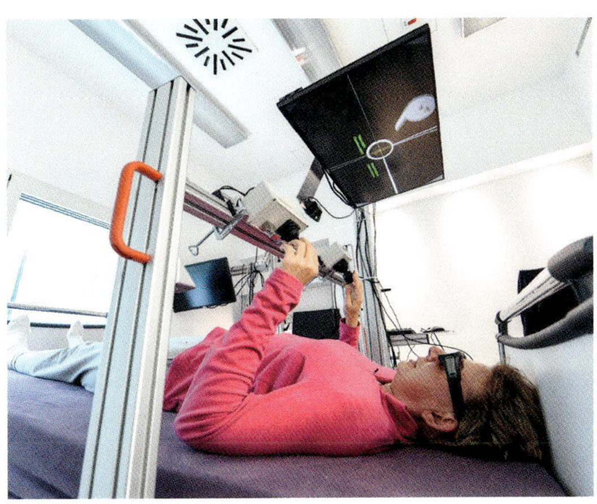

Ricerche sul riposo

Negli studi sul riposo si esaminano i volontari che trascorrono anche 10 settimane distese su letti leggermente inclinati verso la testa. Gli effetti sull'organismo sono simili a quelli della microgravità e consentono ai medici di trovare metodi per mantenere in salute i futuri astronauti.

LABORATORIO SUBACQUEO

Sulla Terra, vivere e lavorare sul fondo del mare è forse quanto di più somigli all'isolamento di una missione spaziale. Il progetto NEEMO della NASA (Operazioni di missione in ambiente estremo) invia astronauti, scienziati e ingegneri in missioni anche di 3 settimane all'Aquarius, un laboratorio subacqueo al largo della Florida, 19 m sotto la superficie del mare.

Periodo di pratica

Trovarsi all'interno dell'Aquarius è simile a essere sulla stazione spaziale. L'equipaggio di "acquanauti" vive e lavora in spazi ristretti, lontano dalle persone in superficie e circondato da un ambiente difficile.

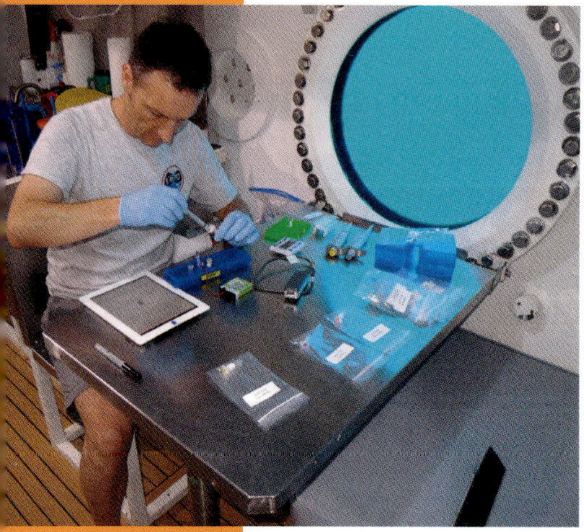

Scienziati del mare
L'astronauta tedesco Matthias Maurer è qui raffigurato nel 2016 mentre esegue un esperimento durante un'esercitazione per Marte. L'ambiente è reso il più possibile realistico. I messaggi da Marte impiegano circa 17 minuti per raggiungere la Terra, perciò la sala di controllo ritardava le comunicazioni in arrivo e in partenza.

Preparati a tutto
Durante la missione del 2015 all'Aquarius, l'astronauta americana Serena Auñón-Chancellor è uscita sul fondo marino in muta da sub per provare attrezzature che in futuro potrebbero essere usate per passeggiate sulla Luna, su Marte o perfino su asteroidi.

LO SAPEVI?

La sigla NEEMO si riferisce al capitano Nemo, famoso comandante di un sottomarino nel romanzo *Ventimila leghe sotto i mari* di Jules Verne.

NASA
NASA

VACANZA DA SOGNO

Per viaggiare nello spazio non è necessario essere astronauti di professione, sebbene ci voglia molto denaro. Fra il 2000 e il 2009 la ISS ha accolto diversi ospiti paganti per visite di 8-12 giorni. Più di recente, alcune aziende private hanno lanciato voli con equipaggio con posti disponibili per viaggiatori paganti per gite brevi ma entusiasmanti alle soglie dello spazio.

▶ Primi turisti

Negli anni 2000, sulla ISS si sono recati 7 turisti spaziali in qualità di passeggeri paganti in missioni sulla russa *Sojuz*. Il primo è stato l'ingegnere americano Dennis Tito, che nel 2001 ha pagato 20 milioni di dollari per un viaggio di 8 giorni in orbita. L'ultimo di questi iniziali voli turistici è avvenuto nel 2009. La messa fuori servizio della navetta spaziale nel 2011 ha fatto sì che i posti sui voli *Sojuz* fossero riservati agli astronauti.

Viaggi privati nello spazio

Nel 2021 due aziende private – Virgin Galactic e Blue Origin – hanno lanciato i primi voli con equipaggio. Entrambe offrono brevi viaggi suborbitali fino alle soglie dello spazio, circa 100 km sopra la superficie terrestre.

Blue Origin
La capsula spaziale senza pilota di Blue Origin viene portata da un razzo riutilizzabile fino a una quota di circa 107 km, dopodiché torna sulla Terra con un paracadute.

Virgin Galactic
L'astronave *Unity* vola fino ad alta quota sotto un aereo vettore, poi si sposta con un motore a razzo verso il limitare dello spazio. Rimane in volo planato per qualche minuto, poi torna a terra.

LO SAPEVI?

Nel 2006 visitò la ISS l'ingegnere e imprenditrice di origine iraniana Anousheh Ansari, prima turista spaziale donna.

Progetto dearMoon

Il progetto dearMoon del miliardario giapponese Yusaku Maezawa previsto per il 2023 è forse il viaggio turistico nello spazio più ambizioso mai immaginato. Maezawa intende trasportare 8 passeggeri in una traiettoria a 8 attorno alla Terra e alla Luna a bordo della nuova astronave *Starship* di SpaceX.

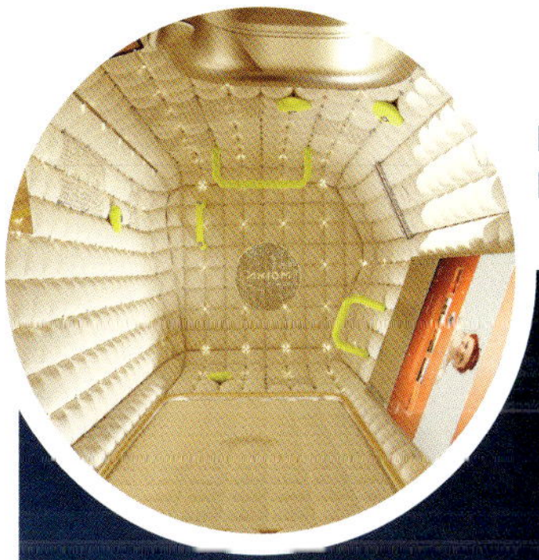

RAPPRESENTAZIONE ARTISTICA DEI MODULI DI AXIOM SPACE

Stazione futura

Per accogliere turisti e altre attività commerciali nello spazio, la NASA ha unito le forze con un'azienda privata, Axiom Space, per realizzare entro qualche anno moduli abitabili confortevoli e di splendida architettura. All'inizio i moduli saranno collegati alla ISS, ma in seguito se ne separeranno formando una stazione spaziale indipendente gestita da Axiom Space.

NUOVA MISSIONE

Il lancio, nel settembre 2021, di Inspiration4, prima missione spaziale privata, ha rappresentato l'inizio di una nuova era in cui i viaggi spaziali potrebbero diventare sempre più accessibili a persone comuni e non solo ad astronauti di professione. Gestita dall'azienda spaziale privata SpaceX e pagata dall'imprenditore americano Jared Isaacman, l'astronave *Resilience* (che trasporta anche rifornimenti alla ISS) ha trascorso 3 giorni in orbita attorno alla Terra a una quota di 575 km, ossia oltre 150 km più in alto della ISS.

▼ Pionieri dello spazio

L'equipaggio di Inspiration4 è stato scelto perché rappresentava i quattro "pilastri della missione" dell'astronave. Nella foto, da sinistra a destra, il donatore di attrezzature per ospedali Chris Sembroski indicava la generosità, mentre Hayley Arceneaux, sopravvissuta al cancro, è stata prescelta come simbolo di speranza. Il comandante Isaacman simboleggiava le capacità dirigenziali, mentre la scienziata e imprenditrice Sian Proctor rappresentava la prosperità.

Emblema della missione

Ispirazione per la missione

La missione ha raccolto oltre 200 milioni di dollari per la ricerca sui tumori dei bambini all'ospedale infantile St Jude nel Tennessee. La partecipante Arceneaux è stata in passato ricoverata al St Jude, poi è diventata assistente medico nello stesso ospedale. È la prima persona con un arto protesico (artificiale) a volare nello spazio.

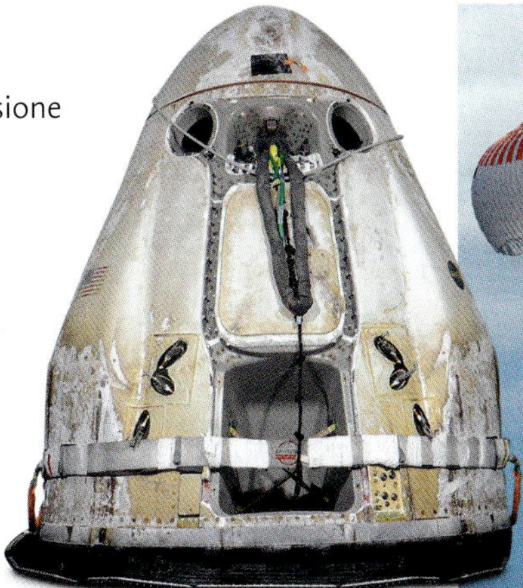

CAPSULA RESILIENCE

Ammaraggio

Dopo 71 ore in orbita, durante le quali l'equipaggio ha ammirato il panorama, ha preso parte a esperimenti, ha ascoltato musica e realizzato disegni, la capsula *Resilience* è ammarata al largo della Florida, poco lontano dalle imbarcazioni di recupero.

LO SAPEVI?

Sian Proctor è stata la prima donna nera a pilotare un'astronave.

Panorama da ammirare
Poiché la *Resilience* non doveva attraccare alla ISS, si è sostituito il portello d'attracco con un'enorme finestra a cupola di 1,16 m di diametro, che ha offerto all'equipaggio panorami spettacolari a 360°.

Campo base sulla Luna
Questa illustrazione raffigura il campo base Artemis, dove gli astronauti potranno vivere per periodi anche di 2 mesi. Quando si troverà nel punto più vicino alla Luna, la stazione Lunar Gateway consentirà lo sbarco degli astronauti sulla nuova base e ritorno. Nel punto più lontano dell'orbita, studierà la Luna dall'alto.

▲ Tappa verso la Luna

Una stazione spaziale in orbita attorno alla Luna è un aspetto fondamentale del programma Artemis della NASA, che mira a portare esseri umani sulla superficie lunare per la prima volta dal 1972. La stazione Lunar Gateway (nella foto), il cui lancio è previsto per il 2024, avrà inizialmente soltanto due moduli, ma col tempo potrà crescere.

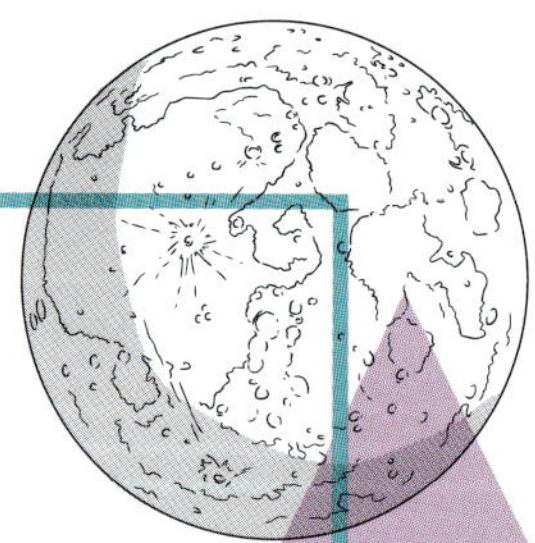

FUTURO DELLE STAZIONI SPAZIALI

La ISS non può durare per sempre. Anche con una manutenzione regolare e l'aggiunta di nuovi moduli, alcuni componenti cruciali a poco a poco si logoreranno. Tutti i Paesi coinvolti hanno concordato di finanziare almeno fino al 2024 la stazione, la cui struttura dovrebbe durare fino al 2028 e oltre, ma prima o poi la sua missione giungerà al termine. E allora che cosa succederà?

Sguardo all'interno Questo habitat gonfiabile potrebbe far parte di una futura stazione spaziale in orbita bassa, chiamata Orbital Reef.

Costruiti nello spazio

Nelle future stazioni spaziali e nelle missioni verso la Luna e Marte si potranno anche costruire in orbita pezzi di ricambio e utensili. Dal 2014 sulla ISS si è sperimentata la tecnologia di stampa 3D, che si potrà usare per la fabbricazione di oggetti da disegni inviati dalla Terra.

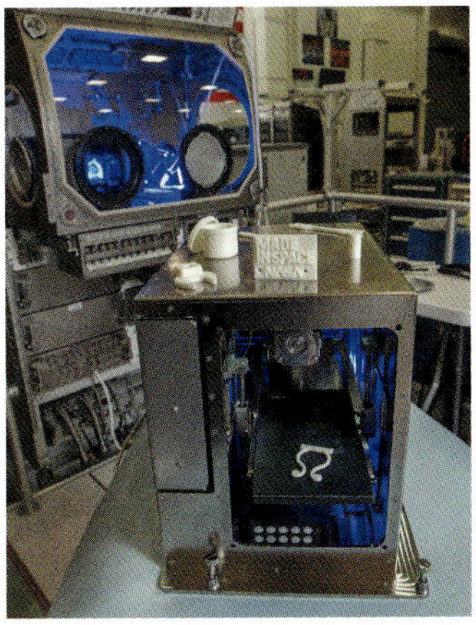

Che cosa verrà dopo la ISS?

Alcune aziende private stanno già pianificando stazioni spaziali. L'americana Axiom Space sta progettando un modulo, da collegare alla ISS, che diventerà il nucleo di un'altra stazione indipendente. Le aziende americane Blue Origin e Sierra Space intendono costruire una stazione spaziale in orbita bassa, chiamata Orbital Reef.

E DOPO?

Le ricerche condotte sulla ISS hanno offerto agli scienziati e agli ingegneri molte informazioni per lo sviluppo di missioni spaziali più lontano nel sistema solare. I viaggi al di là della Luna verso Marte o asteroidi vicini richiederanno mesi o anni con veicoli spaziali complessi. Negli anni a venire, quando l'umanità partirà per simili missioni, le stazioni spaziali svolgeranno un ruolo essenziale come approdi intermedi nel corso del viaggio.

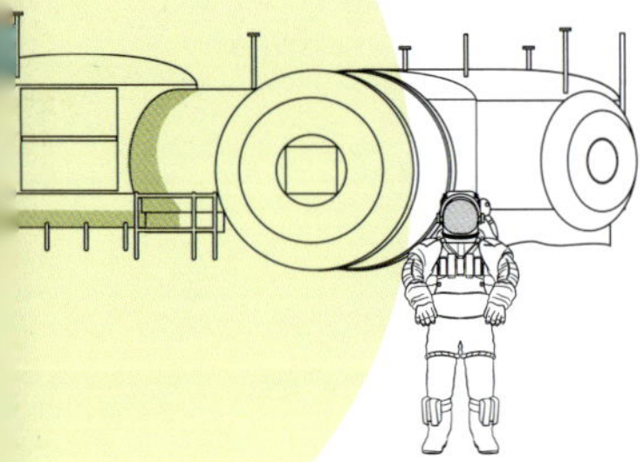

▶ Avamposto su Marte

Alcuni progetti per fondare una base su Marte prevedono la costruzione di una stazione spaziale in orbita attorno al pianeta, prima dello sbarco umano. Comunque vadano le cose, i primi astronauti su Marte sfrutteranno le tecniche di attracco, di trattamento di aria e acqua e perfino di orticoltura inaugurate a bordo della ISS.

C'è vita su altri pianeti?

Gli esperimenti sulla ISS hanno indicato che gli esseri viventi riescono a sopravvivere nell'ambiente ostile dello spazio. Ma potrebbe esserci davvero vita al di fuori della Terra? I rover sul pianeta rosso finora non hanno riscontrato segni di vita, e i radiotelescopi dalla Terra non hanno colto segnali da extraterrestri intelligenti, ma vi è ancora molto che non sappiamo sul sistema solare e oltre.

LO SAPEVI?

Il rover *Perseverance* su Marte ha effettuato esperimenti per trasformare l'anidride carbonica dell'atmosfera del pianeta in ossigeno respirabile.

LUOGHI DA VISITARE

Una visita alla stazione spaziale non sarà possibile a tutti, ma sulla Terra vi sono numerosi musei e altri luoghi in cui osservare da vicino astronavi non più in servizio, tute spaziali storiche e altri oggetti fantastici legati alla storia dell'astronautica. Alcune agenzie spaziali, come NASA ed ESA, offrono perfino visite guidate che consentono di dare un'occhiata esclusiva dietro le quinte dei loro impianti.

MUSEO SMITHSONIAN, STATI UNITI

Con due sedi, a Washington e in Virginia, il Museo nazionale Smithsonian dell'aria e dello spazio presenta una vasta gamma di oggetti famosi da vedere, tra cui la navetta spaziale *Discovery*. I visitatori possono anche sperimentare una passeggiata spaziale in realtà virtuale.

CENTRO SPAZIALE, GRAN BRETAGNA

La visita al National Space Centre di Leicester inizia con l'enorme edificio Rocket Tower all'ingresso. Si possono vedere tute spaziali, satelliti e meteoriti, nonché uno spettacolo nel planetario a cupola.

Rocket Tower
All'interno di questa enorme torre vi è un razzo americano alto 27 m, il Thor Able.

MUSEO AEROSPAZIALE CINESE, CINA

Situato a Pechino, questo museo celebra il programma spaziale in rapida espansione del Paese. Si possono osservare razzi, tute spaziali, satelliti e astronavi, nonché oggetti legati alle stazioni spaziali Tiangong, del passato e del presente. Attualmente è in ristrutturazione e riaprirà nel 2023.

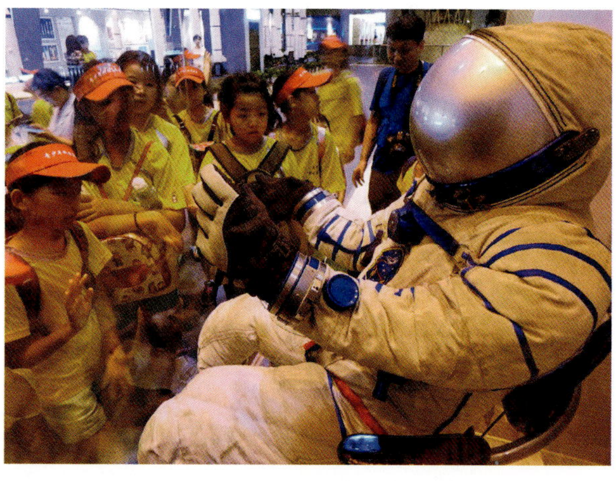

CITTÀ DELLE STELLE, RUSSIA

La storia del Centro di addestramento per cosmonauti Gagarin nella Città delle Stelle, in Russia, riporta agli anni '50 e all'inizio dell'era spaziale. Sono esposte enormi vasche d'acqua che i cosmonauti un tempo usavano per addestrarsi in vista delle passeggiate spaziali. Si può provare a indossare una tuta spaziale e perfino assaggiare i cibi per lo spazio.

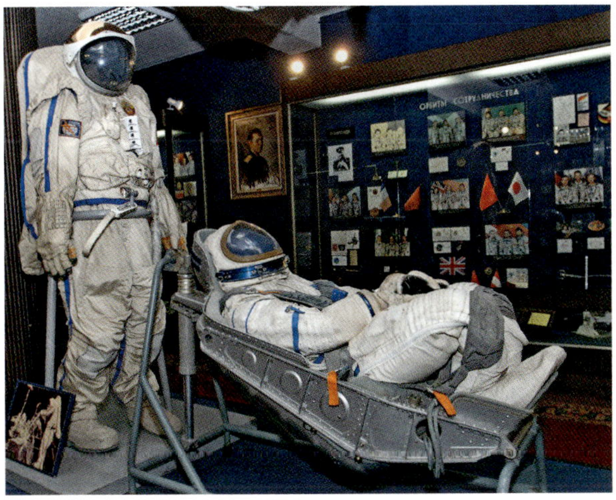

ESOC, GERMANIA

Durante visite guidate pubbliche e private al Centro europeo per le operazioni spaziali (ESOC) a Darmstadt, Germania, i visitatori vedono di prima mano che cosa avviene dietro le quinte delle sale di controllo di varie missioni dell'ESA.

Da vicino
I visitatori osservano da vicino un modello di satellite in mostra al di fuori dell'ESOC.

CENTRO DI TSUKUBA, GIAPPONE

Questo centro spaziale presenta una copia esatta a grandezza naturale di *Kibo*, modulo giapponese della ISS. Inoltre, si può vedere un enorme modello dell'astronave giapponese *Kounotori*, che rifornisce la stazione spaziale, nonché un bellissimo modello in scala della Terra.

1972

Anno di inaugurazione del Centro spaziale di Tsukuba.

ALTRE METE

▶ CENTRO AUSTRALIANO PER LE SCOPERTE SPAZIALI

Questo centro spaziale è stato inaugurato ad Adelaide nel 2021. Qui è esposta la più recente tecnologia spaziale e i visitatori possono conoscere la crescente industria spaziale australiana.

▶ MUSEO AEROSPAZIALE DI JEJU, COREA DEL SUD

Questo museo sull'isola di Jeju è incentrato sulla storia di aviazione, astronautica e astronomia.

▶ CENTRO SPAZIALE KENNEDY, STATI UNITI

Il principale poligono di lancio della NASA in Florida offre visite guidate. Fra i numerosi oggetti esposti vi sono attrezzature di voli storici e un "giardino dei razzi" con vari tipi di veicoli di lancio.

GLOSSARIO

Agenzia spaziale
Ente nazionale che gestisce attività relative all'esplorazione dello spazio.

Asteroide
Piccolo corpo celeste roccioso in orbita attorno al Sole.

Astronauta
Persona addestrata per il volo, la vita e il lavoro nello spazio.

Astronave
Veicolo progettato per i viaggi nello spazio.

Atmosfera
Strato di gas che circonda un pianeta.

Attacco di sicurezza
Cavo che collega l'astronauta al veicolo spaziale durante l'attività extraveicolare.

Attività extraveicolare
V. Passeggiata spaziale.

Attracco
Momento in cui un'astronave, come la *Sojuz*, si aggancia a un altro veicolo spaziale, per esempio la ISS.

Aurora polare
Effetto luminoso dovuto a gas incandescenti nell'alta atmosfera di un pianeta, sopra le regioni polari.

Camera d'equilibrio
Vano a chiusura ermetica che impedisce all'aria di un veicolo spaziale di fuoriuscire nello spazio; tramite questa camera gli astronauti entrano ed escono dal veicolo.

Capsula
Astronave di piccole dimensioni o parte di una più grande; di solito trasporta equipaggi o attrezzature.

Carico
Oggetti trasportati su un veicolo spaziale.

Carico utile
Attrezzature portate nello spazio da un razzo o da un'astronave.

Cellula
Il più piccolo componente di tutti gli esseri viventi; gli esseri umani sono costituiti da miliardi di cellule.

CNSA
Ente spaziale nazionale della Cina: è l'agenzia spaziale cinese.

Comandante
Astronauta responsabile di una missione.

Comunicazione con la capsula
Incarico nella sala di controllo per i colloqui con gli astronauti nello spazio.

Cono d'ombra
Parte centrale scura dell'ombra proiettata da un corpo.

Cono di penombra
Parte esterna, più chiara, dell'ombra proiettata da un corpo.

Controllore di volo
Persona che lavora nella sala di controllo, guidando gli astronauti quando eseguono attività nello spazio e sorvegliando e regolando gli impianti della ISS.

Cosmonauta
Astronauta russo.

Cupola
Modulo osservatorio della ISS con 7 finestre, costruito dall'Agenzia spaziale europea.

Detriti spaziali
Frammenti di rifiuti spaziali in orbita; possono includere stadi di razzi usati, vecchi satelliti, frammenti di oggetti vari e perfino utensili caduti di mano agli astronauti.

Eclisse
Fenomeno in cui un corpo celeste passa nell'ombra di un altro oppure ostruisce temporaneamente la visuale dell'osservatore; durante un'eclisse di Sole, la Luna si colloca fra il Sole e la Terra, proiettando un'ombra sul pianeta.

Equipaggio
Gruppo di astronauti che lavora e vive in un veicolo spaziale.

ESA
Agenzia spaziale europea, con un programma spaziale a cui partecipano 22 Paesi.

Gravità
Forza che attrae i corpi l'uno verso l'altro; sulla Terra la gravità attrae i corpi verso il suolo e conferisce loro un peso, mentre nello spazio mantiene la Luna e la ISS in orbita attorno alla Terra e quest'ultima in orbita attorno al Sole.

Ingegnere
Persona che progetta o costruisce attrezzature tecniche. Di solito ha una formazione in matematica e altre discipline scientifiche.

JAXA
Agenzia di esplorazione aerospaziale giapponese: è l'ente nazionale del Giappone per lo spazio.

Laboratorio
Luogo in cui si eseguono esperimenti scientifici.

Lancio
Procedimento con cui si manda qualcosa nello spazio mediante razzi.

Microgravità
Condizione in cui la forza di gravità è presente ma l'effetto è ridotto; in un tale ambiente, per esempio sulla ISS, i corpi appaiono privi di peso.

Missione
Spedizione con o senza equipaggio nello spazio per svolgere una data attività.

Missione analoga
Simulazione eseguita sulla Terra per imitare certe caratteristiche delle missioni spaziali, come l'isolamento e gli spazi ristretti. Consente agli scienziati di studiare gli effetti dei viaggi di lunga durata.

Modulo
Parte di stazione spaziale utilizzabile dall'equipaggio e collegata a un altro componente.

NASA
Ente nazionale aeronautico e spaziale: è l'agenzia spaziale degli Stati Uniti.

Navetta spaziale
Astronave parzialmente riutilizzabile, progettata per il trasporto di astronauti e carichi in orbita attorno alla Terra.

Orbita
Traiettoria seguita da un corpo attorno a un altro per attrazione della sua gravità; per esempio, l'orbita della Terra attorno al Sole.

Orbita bassa
Orbita compresa fra i 150 e i 1.000 km sopra la superficie terrestre.

Osservatorio
Edificio che ospita apparecchiature per l'osservazione dello spazio dalla Terra; nello spazio vi sono anche osservatori con apparecchiature per osservare la Terra, altri pianeti, galassie e ulteriori corpi celesti.

Passeggiata spaziale
Attività in cui un astronauta esce da un veicolo spaziale, di solito per sperimentare attrezzature o eseguire riparazioni; è detta anche attività extraveicolare.

Pressione atmosferica
Forza esercitata dall'aria su una superficie.

Quota
Altitudine di un oggetto, velivolo o luogo sopra il livello del mare o del suolo.

Radiazione
Forma di energia, come luce e calore, presente in tutto l'universo.

Raggi cosmici
Particelle ad alta energia emesse dal Sole, dalle stelle e da altri corpi celesti, nocive per gli astronauti.

Rampa di lancio
Luogo, di solito una piattaforma con una struttura di sostegno, da cui viene lanciato un razzo nello spazio.

Razzo
Veicolo progettato per il trasporto nello spazio di veicoli spaziali, satelliti e astronauti.

Realtà virtuale
Mondo generato al computer che si osserva mediante un apposito casco.

Robot
Macchina comandata da computer che è in grado di muoversi e di eseguire attività; alcuni robot percepiscono l'ambiente e hanno una certa capacità di reagire automaticamente.

Roscosmos
Società statale russa per le attività spaziali: è l'agenzia spaziale della Russia.

Rover
Veicolo teleguidato sulla superficie di un altro pianeta, per esempio Marte, o della Luna.

Sala di controllo
Sulla Terra, sede in cui operano controllori di volo, ingegneri e personale ausiliario, guidati dal direttore di volo, per seguire le missioni dal lancio all'atterraggio.

Satellite
Corpo naturale o oggetto artificiale che si muove nello spazio attorno a un corpo più grande; per esempio, la Luna è il satellite naturale della Terra, mentre la ISS è un satellite artificiale.

Shenzhou
Astronave cinese progettata per l'invio di taikonauti e carichi nello spazio.

Simulazione
Evento o situazione che sulla Terra imita l'ambiente estremo dello spazio; si usa per addestrare gli astronauti in vista delle difficoltà del vivere e lavorare nello spazio.

Sojuz
Astronave russa usata per trasportare cosmonauti e carichi fra la Terra e la ISS.

Spazio
Luogo al di fuori dell'atmosfera terrestre; indica anche l'area compresa fra i vari corpi celesti, fra cui pianeti, stelle e galassie.

Spinta
Forza di propulsione di un razzo o altro motore a reazione.

Stadio
Parte di un razzo, provvista di motore e di serbatoio per il propellente.

Stazione spaziale
Habitat nello spazio che rimane a lungo in orbita attorno alla Terra; per esempio la ISS. Qui possono vivere e lavorare astronauti.

Stazione spaziale internazionale (ISS)
La più grande struttura artificiale in orbita attorno alla Terra. Funge da straordinario laboratorio scientifico e ospita astronauti nello spazio.

Taikonauta
Astronauta cinese.

Tiangong
Stazione spaziale cinese; attualmente è in costruzione in orbita bassa attorno alla Terra.

Tuta Sokol
Tuta spaziale pressurizzata di emergenza indossata dagli astronauti all'interno dell'astronave *Sojuz*; non si può indossare per una passeggiata spaziale.

Tuta spaziale
Indumento progettato appositamente che protegge gli astronauti durante le passeggiate spaziali.

Ultravioletti
Radiazioni di piccola lunghezza d'onda prodotte dal Sole, invisibili all'occhio umano; sono nocive per gli esseri umani.

Vuoto
Spazio in cui non vi è nulla, nemmeno aria.

INDICE

I numeri di pagina in **neretto** indicano le voci principali.

RINGRAZIAMENTI

L'Editore desidera ringraziare per la collaborazione:
Arshti Narang e Vaibhav Rastogi per l'assistenza alla progettazione; Suhita Dharamjit per l'assistenza alla progettazione della copertina; Zaina Budaly e Ben Morgan per l'assistenza editoriale; Helen Peters per l'indice; Jane Parker per la correzione delle bozze.

L'Editore desidera inoltre ringraziare per la gentile concessione a riprodurre le proprie immagini:
(Legenda: a-sopra; b-sotto/in basso; c-al centro; f-estrema; l-sinistra; r-destra; t-in alto)

10 NASA. 11 Alamy Stock Photo: John Gilbey (fbr); Stocktrek Images, Inc. (br). **ESA:** NASA (tr). **NASA:** Johnson Space Center (bl). **12 NASA:** (tl); Marshall Space Flight Center (bl). **12–13 NASA. 13 Alamy Stock Photo:** NC Collections (bc). **14–15 NASA:** ARC / Rick Guidice. **14 NASA:** Don Davis (bl). **16 Dorling Kindersley:** Gary Ombler / Dave Shayler / Astro Info Service Ltd (crb). **Getty Images:** Sovfoto / Universal Images Group (tr, cra). **NASA:** (br). **TopFoto:** Sputnik (bl). **17 Dorling Kindersley:** Gary Ombler / Dave Shayler / Astro Info Service Ltd (tr). **Dreamstime.com:** Viocara (cr). **Getty Images:** Erik Simonsen (cb). **NASA:** (tl, clb). **SPACEBOOSTERS Limited:** NASA (crb). **20–21 ESA:** Roscosmo. **21 Canadian Space Agency (CSA):** (r/c). **ESA:** (r/d). **Japan Aerospace Exploration Agency (JAXA):** (r/e). **NASA:** (r/a). **State Space Corporation Roscosmos:** (r/b). **22–23 Roland Miller. 23 Roland Miller:** (tl, tr). **24–25 NASA:** Johnson Space Center. **25 Getty Images:** AFP / Bruce Weaver (bc). **NASA:** Johnson Space Center (cr); (br). **26–27 NASA. 26 NASA:** Johnson Space Center (cl); Armstrong Flight Research Center (bl). **Science Photo Library:** NASA (tl). **27 Alamy Stock Photo:** REUTERS (br). **NASA:** Kennedy Space Center (bl, cl). **28–29 NASA:** Johnson Space Center. **28 Alamy Stock Photo:** NG Images (cb). **29 ESA:** NASA (cl). **NASA:** Johnson Space Center (tl, tr, bl). **30–31 NASA. 30 ESA:** Alexander Gerst (bc). **NASA:** Johnson Space Center (cl). **31 NASA:** Johnson Space Center (br). **32–33 NASA. 32 NARA National Museum:** NASA / Johnson Space Center (crb). **33 NASA:** Kennedy Space Center / Frank Michaux (bc); Johnson Space Center (br). **34 NASA:** CANADIAN SPACE AGENCY (br, bc); ODPO (bl). **34–35 NASA. 35 ESA:** (br). **NASA:** (cb). **Texas A & M University:** (bl). **36 NASA:** Goddard / Chris Gunn (tl); Ben Smegelsky (crb). **36–37 NASA:** Ben Smegelsky. **37 NASA:** GRC / Bridget Caswell (tr); Isaac Watson (bl). **38 Getty Images:** Sergei Karpukhin\TASS (cl). **38–39 Getty Images:** Alexander Ryumin\TASS (b). **39 NASA:** (tl). **40–41 Reuters:** China Stringer Network (t). **40 Reuters:** Stringer Shanghai (bl). **Shutterstock.com:** Hap / Quirky China News (br). **41 Alamy Stock Photo:** REUTERS (br). **Reuters:** China Stringer Network (bl). **42 Dorling Kindersley: Dreamstime.com:** Alejandro Miranda (tl). **42–43 Getty Images:** China Manned Space Engineering O / AFP (bl). **43 Alamy Stock Photo:** Xinhua (tl). **Getty Images:** Feature China / Barcroft Media (crb); Kevin Frayer (bl). **46–47 Getty Images:** NASA. **46 Getty Images:** Matt Stroshane (bl). **NASA:** KSC (cla, ca); Ben Smegelsky (bc). **47 Alamy Stock Photo:** UPI (cra). **Getty Images:** Epsilon (crb). **48–49 NASA. 48 NASA:** (br, fbr). **49 Alamy Stock Photo:** NASA Photo (bl). **NASA:** Joel Kowsky (br). **50 Alamy Stock Photo:** Bob Daemmrich (br). **NASA:** Carla Thomas (clb); Bill White (tr). **51 ESA:** S. Corvaja, 2014 (cla). **NASA:** Kim Shiflett (clb, tr). **52 Getty Images:** Stanislav Krasilnikov\TASS (cb). **52–53 ESA:** Stephane Corvaja. **53 ESA:** Stephane Corvaja (br). **54–55 Courtesy of U.S. Navy:** Robert Markowitz (tc). **54 Science Photo Library:** David Ducros (crb). **55 ESA:** Stephane Corvaja (br); Anneke Le Floc'h (tr, cr). **Getty Images:** Stanislav Krasilnikov\TASS (bc). **56–57 ESA:** Stephane Corvaja. **57 ESA:** Stephane Corvaja (tc); NASA / J. Blai (br). **58–59 NASA:** Johnson Space Center (r). **58 ESA:** Stephane Corvaja (cla). **NASA:** Johnson Space Center / Bill Stafford (clb). **60 ESA:** D. Baumbach, 2010 (tr); NASA / Vittorio Crobu (bl, cl). **NASA:** SpaceX (cr). **61 NASA:** Johnson Space Center / Robert Markowitz (tr); Johnson Space Center / Victor Zelentsov (cla). **62 NASA:** Bill Ingalls (bc); Joel Kowsky (tc). **Science & Society Picture Library:** (r). **63 Alamy Stock Photo:** NG Images (bc); SBS TV / Sipa Press (tc). **Japan Aerospace Exploration Agency (JAXA):** (tr, cr). **NASA:** GCTC / Andrey Shelepin. **64–65 NASA:** Johnson Space Center. **65 Alamy Stock Photo:** dpa picture alliance archive (bc). **Getty Images:** NASA / Bill Ingall (c). **Japan Aerospace Exploration Agency (JAXA):** (cb). **66 Getty Images:** Sergei Savostyanov\TASS (bl). **NASA:** Johnson Space Center / Andrey Shelepin / Gagarin Cosmonaut Training Cente (tr); Joel Kowsky (br). **67 Alamy Stock Photo:** NASA Image Collection (cra); Sergei Savostyanov / TASS (bl). **NASA:** Johnson Space Center / Victor Zelentso (tl); Bill Ingalls (tr). **68–69 NASA:** Bill Ingalls (c). **68 NASA:** Bill Ingalls (cl); Victor Zelentsov (tl). **69 NASA:** Bill Ingalls (tl, br). **70–71 NASA:** Johnson Space Center (t). **70 NASA:** Bill Ingalls (bl). **71 NASA:** Johnson Space Center (bc, cb). **72–73 NASA:** Bill Ingalls (b). **72 NASA:** Kennedy Space Center (bl). **SpaceX:** (tl). **73 Alamy Stock Photo:** SpaceX (br). **NASA:** Bill Ingalls (tc); Joel Kowsky (tr). **SpaceX:** (cra, cr). **74 Alamy Stock Photo:** Xinhua / Ma Yan (br). **NASA:** Johnson Space Center (tr); Kennedy Space Center (clb); Bill Ingalls (bc). **75 NASA:** Johnson Space Center (cla, crb); Carla Cioffi (tr). **76–77 NASA:** Johnson Space Center / Lauren Harnet. **76 NASA:** Johnson Space Center (crb). **77 Alamy Stock Photo:** Bob Daemmrich (crb). **NASA:** Johnson Space Center (cb, fcrb). **80–81 NASA:** Johnson Space Center. **81 NASA:** Johnson Space Center (bc). **82–83 ESA. 82 ESA:** (cb). **83 Getty Images:** Sebastien Salom-Gomis / AFP (tc, tr, c, cr). **NASA:** (bc). **84–85 NASA:** Johnson Space Center. **84 NASA. 85 Alamy Stock Photo:** Marc Fairhurst (cr). **Getty Images:** Yoshikazu Tsuno / AFP (br). **NASA:** Johnson Space Center (tc, bl); (crb). **86–87 ESA:** NASA. **86 NASA:** Johnson Space Center (clb). **88–89 NASA:** Johnson Space Center (c). **88 Japan Aerospace Exploration Agency (JAXA):** (cl, cr). **NASA:** (c); Johnson Space Center (clb, cb, crb). **89 Getty Images:** Red Huber / Orlando Sentinel / Tribune News Service (br). **NASA:** Johnson Space Center (tr). **90–91 NASA:** (t). **90 NASA:** (b). **91 Alamy Stock Photo:** NASA / UPI (bc). **NASA:** (cl, br); Johnson Space Center / Josh Valcarce (bl). **92–93 NASA:** Johnson Space Center. **93 NASA:** Johnson Space Center (ca, bc). **94–95 ESA:** NASA (b). **95 NASA:** Johnson Space Center (tr). **96–97 ESA:** NASA (t). **96 ESA:** NASA (br). **NASA:** Johnson Space Center (tl). **97 ESA:** NASA (bl). **NASA:** Johnson Space Center (br). **98–99 NASA:** Johnson Space Center. **98 ESA:** CNES / J-P. Haigner (bl). **100–101 Alamy Stock Photo:** NASA / UPI (c). **100 ESA:** NASA (clb). **NASA:** Johnson Space Center (tl). **101 NASA:** (br). **102–103 ESA:** NASA (b). **102 NASA:** Shane Kimbrough (bl). **103 NASA:** Johnson Space Center (tl); ESA (tr). **104–105 NASA:** (c). **105 Alamy Stock Photo:** NASA Photo (tr). **ESA:** NASA (br). **NASA:** (cr). **106 NASA:** Johnson Space Center. **107 ESA:** NASA (bc). **NASA:** Johnson Space Center (c). **108 NASA:** Johnson Space Center (tr, bl, br). **109 ESA:** NASA (tr). **NASA:** (cl); Johnson Space Center (c, bc). **112 NASA:** Johnson Space Center (tl, br). **113 Dreamstime.com:** Feathercollector (cr). **ESA:** NASA (cla). **NASA:** (tr); Johnson Space Center (bl); Johnson Space Center / SpaceX (br). **114 ESA:** (tl); NASA (cla). **NASA:** Johnson Space Center (cb); ESA (crb). **Science Photo Library:** NASA / Robert Markowitz (bl). **115 NASA:** Johnson Space Center. **116 NASA:** Johnson Space Center (tr). **116–117 NASA:** (b). **117 NASA:** Kennedy Space Center / Ben Smegelsk (tl); Johnson Space Center (tc, tr, ftr); Kennedy Space Center (cla); (cl). **118 NASA:** (tl); Johnson Space Center (bl). **118–119 NASA:** (c). **119 NASA:** Johnson Space Center (br, cr, cra); (bc). **120–121 Alamy Stock Photo:** NASA Photo (tc). **120 ESA:** David Gerhardt (bc). **NASA:** Johnson Space Center (br). **121 Alamy Stock Photo:** Vital Archive (br). **Dorling Kindersley:** Dreamstime.com (bc). **NASA:** Kennedy Space Center / Ben Smegelsky (tl). **122 Getty Images:** Ivan Couronne / AFP (tl). **Dr Suzie Imber:** (br). **122–123 NASA:** Kennedy Space Center (tc). **123 Getty Images:** Liz Hafalia / The San Francisco Chronicl (bl). **NASA:** Kennedy Space Center (tr). **124–125 NASA:** Johnson Space Center. **124 NASA:** Johnson Space Center (cl). **126 NASA:** (cr); Johnson Space Center (bl). **127 NASA:** (tr, tc, c, cl); Johnson Space Center (br). **Smithsonian National Air and Space Museum:** (bc). **128–129 NASA. 129 NASA:** Johnson Space Center (br). **130–131 NASA:** Johnson Space Center. **131 NASA:** Johnson Space Center (bc). **132–133 NASA:** Johnson Space Center. **132 NASA:** Johnson Space Center (ca); (bl). **Science Photo Library:** NASA (br). **134 Alamy Stock Photo:** (tr); Imaginechina Limited (bc); Newscom (br). **NASA:** Johnson Space Center (cra); (clb). **135 NASA:** (tr, cla); Johnson Space Center (cra, bl). **136 NASA:** Johnson Space Center (cl); (clb). **136–137 ESA:** NASA. **138 NASA:** Bill Ingalls (c); JSC (bc, br). **138–139 ESA:** NASA / B. Ingall (tr). **139 ESA:** Stephane Corvaja (bl); M. Pedoussaut (bc). **Getty Images:** Bill Ingalls / NASA (br). **NASA:** Bill Ingalls (clb). **142–143 NASA. 143 ESA:** DLR (bc). **NASA:** Bill Stafford and Robert Markowitz (cb, c). **144–145 ESA:** Karl Shreeve. **144 Alamy Stock Photo:** NASA Image Collection (clb). **NASA:** (bl). **146 Alamy Stock Photo:** Wirestock, Inc. (bl). **Blue Origin:** (cl). **Getty Images:** Mark Greenberg / Virgin Galactic (cla). **146–147 Getty Images:** Jean-Louis Atlan / Paris Match. **147 Axiom Space, Inc.:** (cb, br). **148–149 Inspiration4:** John Kraus (b). **149 Inspiration4:** (tl); Jared Isaacma (br). **Shutterstock.com:** SpaceX / UPI (tr). **SpaceX:** (tc). **150–151 NASA:** Johnson Space Center / Alberto Bertoli. **150 NASA:** (clb). **151 NASA:** Emmett Given (bc). **Sierra Space Corporation / Sierra Nevada Corporation:** (br, cb). **152–153 NASA. 152 Alamy Stock Photo:** Jon Arnold Images Ltd (bl). **154 Alamy Stock Photo:** eye35.pix (clb); Michael Ventura (tr); Nathan Willock-VIEW (bc); Xinhua (br). **155 Alamy Stock Photo:** EDU Vision (clb); ITAR-TASS News Agency (cla). **ESA:** (tr, cra).

Immagini in copertina: *Fronte:* **Alamy Stock Photo:** Andrey Armyagov; *Retro:* **Dreamstime.com:** Ihor Svetiukha; **NASA:** (c, b), Robert Markowitz (t); *Costola:* Alamy Stock Photo: Andrey Armyagov.

Risguardia: *Retro:* **Dreamstime.com:** Ihor Svetiukha.

Per ulteriori informazioni:
www.dkimages.com

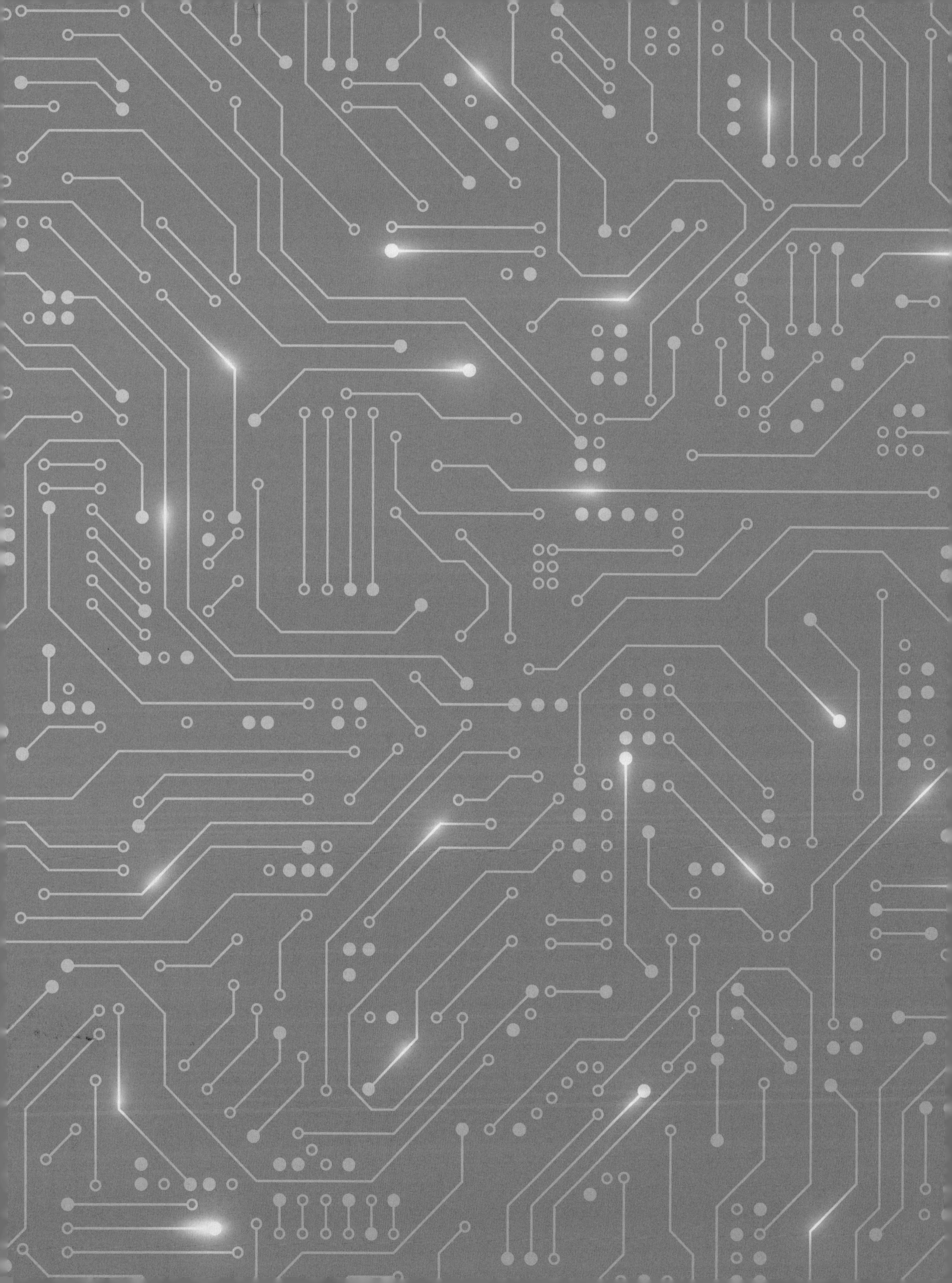